本书由
中央高校建设世界一流大学（学科）
和特色发展引导专项资金
资助

中南财经政法大学"双一流"建设文库

创│新│治│理│系│列

重大工程组织间关系行为的驱动因素及对项目绩效的影响研究

郑弦 著

中国财经出版传媒集团
中国财政经济出版社

图书在版编目（CIP）数据

重大工程组织间关系行为的驱动因素及对项目绩效的影响研究／郑弦著．——北京：中国财政经济出版社，2019.12

（中南财经政法大学"双一流"建设文库．创新治理系列）

ISBN 978－7－5095－9400－1

Ⅰ.①重… Ⅱ.①郑… Ⅲ.①重大建设项目－项目管理－研究－中国 Ⅳ.①F282

中国版本图书馆 CIP 数据核字（2019）第 246122 号

责任编辑：孙 琛　　　　责任校对：胡永立
封面设计：陈宇琰

重大工程组织间关系行为的驱动因素及对项目绩效的影响研究
ZHONGDA GONGCHENG ZUZHIJIAN GUANXI XINGWEI DE QUDONG YINSU JI DUI XINAGMU JIXIAO DE YINGXINAG YANJIU

中国财政经济出版社 出版

URL：http：//www.cfeph.cn

E－mail：cfeph@cfemg.cn

（版权所有　翻印必究）

社址：北京市海淀区阜成路甲 28 号　邮政编码：100142
营销中心电话：010－88191537
北京财经印刷厂印装　各地新华书店经销
787×1092 毫米　16 开　12 印张　190 000 字
2019 年 12 月第 1 版　2019 年 12 月北京第 1 次印刷
定价：54.00 元
ISBN 978－7－5095－9400－1
（图书出现印装问题，本社负责调换）
本社质量投诉电话：010－88190744
打击盗版举报热线：010－88191661　QQ：2242791300

总　序

"中南财经政法大学'双一流'建设文库"是中南财经政法大学组织出版的系列学术丛书，是学校"双一流"建设的特色项目和重要学术成果的展现。

中南财经政法大学源起于1948年以邓小平为第一书记的中共中央中原局在挺进中原、解放全中国的革命烽烟中创建的中原大学。1953年，以中原大学财经学院、政法学院为基础，荟萃中南地区多所高等院校的财经、政法系科与学术精英，成立中南财经学院和中南政法学院。之后学校历经湖北大学、湖北财经专科学校、湖北财经学院、复建中南政法学院、中南财经大学的发展时期。2000年5月26日，同根同源的中南财经大学与中南政法学院合并组建"中南财经政法大学"，成为一所财经、政法"强强联合"的人文社科类高校。2005年，学校入选国家"211工程"重点建设高校；2011年，学校入选国家"985工程优势学科创新平台"项目重点建设高校；2017年，学校入选世界一流大学和一流学科（简称"双一流"）建设高校。70年来，中南财经政法大学与新中国同呼吸、共命运，奋勇投身于中华民族从自强独立走向民主富强的复兴征程，参与缔造了新中国高等财经、政法教育从创立到繁荣的学科历史。

"板凳要坐十年冷，文章不写一句空"，作为一所传承红色基因的人文社科大学，中南财经政法大学将范文澜和潘梓年等前贤们坚守的马克思主义革命学风和严谨务实的学术品格内化为学术文化基因。学校继承优良学术传统，深入推进师德师风建设，改革完善人才引育机制，营造风清气正的学术氛围，为人才辈出提供良好的学术环境。入选"双一流"建设高校，是党和国家对学校70年办学历史、办学成就和办学特色的充分认可。"中南大"人不忘初心，牢记使命，以立德树人为根本，以"中国特色、世界一流"为核心，坚持内涵发展，"双一流"建设取得显著进步：学科体系不断健全，人才体系初步成型，师资队伍不断壮大，研究水平和创新能力不断提高，现代大学治理体系不断完善，国际交流合作优化升级，综合实力和核心竞争力显著提升，为在 2048 年建校百年时，实现主干学科跻身世界一流学科行列的发展愿景打下了坚实根基。

"当代中国正经历着我国历史上最为广泛而深刻的社会变革，也正在进行着人类历史上最为宏大而独特的实践创新"，"这是一个需要理论而且一定能够产生理论的时代，这是一个需要思想而且一定能够产生思想的时代"[①]。坚持和发展中国特色社会主义，统筹推进"五位一体"总体布局和协调推进"四个全面"战略布局，实现"两个一百年"奋斗目标、实现中华民族伟大复兴的中国梦，需要构建中国特色哲学社会科学体系。市场经济就是法治经济，法学和经济学是哲学社会科学的重要支撑学科，是新时代构建中国特色哲学社会科学体系的着力点、着重点。法学与经济学交叉融合成为哲学社会科学创新发展的重要动力，也为塑造中国学术自主性提供了重大机遇。学校坚持财经政法融通的办学定位和学科学术发展战略，"双一流"建设以来，以"法与经济学科群"为引领，以构建中国特色法学和经济学学科、学术、话语体系为己任，立足新时代中国特色社会主义伟大实践，发掘中国传统经济思想、法律文化智慧，提炼中国经济发展与法治实践经验，推动马克思主义法学和经济学中国化、现代化、国际化，产出了一批高质量的研究成果，"中南财经政法大学'双一流'建设文库"即为其中部分学术成果的展现。

文库首批遴选、出版二百余册专著，以区域发展、长江经济带、"一带一路"、创新治理、中国经济发展、贸易冲突、全球治理、数字经济、文化传承、生态文明等十个主题系列呈现，通过问题导向、概念共享，探寻中华文明生生不息的内在复杂性与合理性，阐释新时代中国经济、法治成就与自信，展望人类命运共同体构建过程中所呈现的新生态体系，为解决全球经济、法治问题提供创新性思路和方案，进一步促进财经政法融合发展、范式更新。本文库的著者有德高望重的学科开拓者、奠基人，有风华正茂的学术带头人和领军人物，亦有崭露头角的青年一代，老中青学者秉持家国情怀，述学立论、建言献策，彰显"中南大"经世济民的学术底蕴和薪火相传的人才体系。放眼未来、走向世界，我们以习近平新时代中国特色社会主义思想为指导，砥砺前行，凝心聚

---

① 习近平：《在哲学社会科学工作座谈会上的讲话》，2016 年 5 月 17 日。

力推进"双一流"加快建设、特色建设、高质量建设,开创"中南学派",以中国理论、中国实践引领法学和经济学研究的国际前沿,为世界经济发展、法治建设做出卓越贡献。为此,我们将积极回应社会发展出现的新问题、新趋势,不断推出新的主题系列,以增强文库的开放性和丰富性。

"中南财经政法大学'双一流'建设文库"的出版工作是一个系统工程,它的推进得到相关学院和出版单位的鼎力支持,学者们精益求精、数易其稿,付出极大辛劳。在此,我们向所有作者以及参与编纂工作的同志们致以诚挚的谢意!

因时间所囿,不妥之处还恳请广大读者和同行包涵、指正!

中南财经政法大学校长

前　言

　　重大工程全生命周期中决策、计划、实施、管理等过程是多行为主体矛盾与利益互动的过程，由此形成了错综复杂的组织间关系。由于高质量的组织间关系对重大工程的建设具有重要作用，当前项目管理实践和研究已经开始关注重大工程组织间关系管理和关系治理，却忽视了参建方的组织间关系行为对提升关系质量的实质性影响，它决定了关系管理机制或治理制度的有效性和最终效果。借鉴关系营销中对关系行为（relational behavior）的定义，本书将重大工程参建方在项目实施过程中为了促进组织间合作关系所表现出的一系列积极行为定义为重大工程组织间关系行为（inter-organizational relational behavior in megaprojects，MIRB）。这些积极行为表现出自主性、互惠性及长期导向性，如及时的信息共享、灵活的问题化解、以项目整体利益为重地共同解决困难等。

　　为论证 MIRB 在重大工程中的价值并探索其驱动规律，本书根植于我国重大工程组织情境，融合组织行为学、关系营销学、社会心理学、契约治理和关系治理相关理论等，基于对 22 位专家的半结构式访谈和 285 位管理者的问卷调研数据收集，综合采用层次回归分析和结构方程模型等多种方法，识别了 MIRB 的不同维度，揭示了 MIRB 的内部驱动因素和外部驱动机制，并论证了 MIRB 对重大工程项目绩效的影响。具体而言，本书主要开展了以下四个方面的工作：

　　第一，MIRB 的识别。基于关系行为的定义，通过公开信息以及半结构式访谈进行 MIRB 实例收集，识别出了 MIRB 的三个维度，即团结、灵活性和信息交换，同时明确了与之对应的六种表现形式。

　　第二，MIRB 的内部驱动因素。基于计划行为理论，从参建方社会心理学的视角构建了包含 5 个驱动因素（感知收益态度、感知风险态度、主观规范、感知行为控制和行为意愿）的 MIRB 内部驱动模型，同时考察了参建方过去的合作经验和项目文化对内部驱动路径的影响。基于 285 份重大工程管理者调研问卷，采用偏最小二乘法（PLS）对该理论模型进行验证。研究结果显示，行为意愿和感知行为控制可以直接驱动 MIRB，而感知收益态度和主观规范通过行为意愿间接驱动 MIRB，参建方过去的合作经验一方面能促进感知行为控制对 MIRB 的正向驱动，另一方面抑制感知收益的态度对 MIRB 的正向驱动。

第三，MIRB 的外部驱动机制。基于组织间关系的治理视角，从合同治理和关系治理两个方面构建了 MIRB 外部驱动模型，同时考虑了重大工程不确定性这一突出特征对外部驱动路径的影响。基于对咨询方和承包商的 202 份调研数据，采用层次回归方法对模型进行验证。研究结果显示，合同条款的明确性与信任通过相互补充来驱动参建方实施关系行为，但信任机制比合同条款明确性机制更能有效促进关系行为；重大工程不确定性越高，越需要通过培育组织间信任和减少合同的详细程度来促进参建方关系行为实施。

第四，MIRB 对项目绩效影响。基于关系行为效果的相关理论成果，从 MIRB 对参建方绩效和机会主义行为的直接效应以及对项目绩效的涌现作用出发，构建了 MIRB 对项目绩效的影响模型，并采用 PLS 方法对模型进行实证检验。研究结果显示，参建方实施 MIRB 与重大工程项目绩效高度正相关，可通过提升参建方的任务绩效、关系绩效并抑制其机会主义行为间接提升项目绩效，且通过促进任务绩效来提升项目绩效的效果最为显著。

本书的创新点在于将关系营销中关系行为引入重大工程组织间关系研究领域，并将计划行为理论、关系的治理理论等拓展至 MIRB 相关研究，有助于提升参建方对 MIRB 驱动规律和价值的系统认知，并拓展了重大工程组织间关系研究范畴。在实践方面，研究结论为重大工程参建方识别关键关系行为并制定有效的 MIRB 策略提供了决策依据，并为业主及政府相关部门提供了有利于 MIRB 实施的治理机制和制度环境的参考依据。

重大工程组织间关系行为的研究目前仍存于探索阶段，书中有不少不成熟之处，还望各位专家、读者批评指教。在此特别感谢作者在同济大学博士期间的导师乐云教授、何清华教授、李永奎教授、胡毅助理教授等，以及在香港理工大学和新加坡国立大学博士培养期间的指导老师 Albert Chan 教授、卢昱杰助理教授对研究给予的宝贵指导及建议。此外，非常感谢国家自然科学基金重大项目"我国重大基础设施工程管理的理论、方法与应用创新研究"

(No.71390521)及其子课题三"重大基础设施工程的组织行为与模式创新研究"(No.71390523)课题组对本研究给予的各方面支持。同时,本书依托国家自然科学基金青年项目"重大基础设施工程组织关系行为的形成动因、价值传导及效能涌现研究"(项目批准号:71901220)资金资助,并感谢中南财经政法大学对本书出版给予的大力支持。

目 录

第1章 绪论   1
    1.1 研究背景   1
    1.2 本书的研究问题与相关概念界定   5
    1.3 本书的研究内容与技术路线   11

第2章 国内外研究现状与理论基础   17
    2.1 关系行为研究综述   17
    2.2 重大工程组织间关系管理和治理相关研究综述   25
    2.3 理论基础   30
    2.4 本章小结   38

第3章 研究设计与过程   39
    3.1 研究概述   39
    3.2 研究问题甄选   39
    3.3 问卷调研   46
    3.4 本章小结   50

第4章 重大工程组织间关系行为的识别   51
    4.1 重大工程组织间关系行为的维度   51
    4.2 重大工程组织间关系行为的具体表现形式   53
    4.3 重大工程组织间关系行为维度和表现形式的相互关系   56

第5章 重大工程组织间关系行为的内部驱动因素：基于计划行为理论   58
    5.1 研究概述   58

  5.2 假设提出和理论模型构建 59
  5.3 问卷设计与变量测量 65
  5.4 分析与结果 67
  5.5 结果讨论 76
  5.6 研究结论与管理启示 79

第6章 重大工程组织间关系行为的外部驱动机制：基于治理的视角 82

  6.1 研究概述 82
  6.2 假设提出和理论模型构建 83
  6.3 问卷设计与变量测度 89
  6.4 分析与结果 91
  6.5 结果讨论 98
  6.6 研究结论与管理启示 101

第7章 重大工程组织间关系行为对项目绩效的影响 104

  7.1 研究概述 104
  7.2 研究假设 106
  7.3 问卷设计与变量测量 110
  7.4 分析与结果 111
  7.5 结果讨论 117
  7.6 研究结论与管理启示 120

第8章 结论与展望 123

  8.1 主要研究结论 123
  8.2 研究创新点 125
  8.3 研究不足与未来展望 125

主要参考文献 127
附录A 半结构化专家访谈提纲 154
附录B 重大工程组织间关系行为调查问卷 157

附录 C	实地调研的项目清单与问卷分布	165
附录 D	重大工程组织间关系行为事例——以上海虹桥交通枢纽项目为例	171
附录 E	第 5.4.2 节 MIRB 内部驱动模型的层次回归分析结果	174
附录 F	第 5.4.3 节 MIRB 内部驱动因素模型中调节变量分析	175

第1章 绪 论

1.1 研究背景

1.1.1 行业背景

随着我国国民经济的持续快速发展和城镇化进程的不断加快,重大基础设施工程(以下简称"重大工程")数量呈指数级增长(Hu et al.,2013)。1993年,中国的固定资产总额仅达到国内生产总值(GDP)的6.5%,至2009年末,一些沿海城市的重大工程投资占GDP的总额达到15%~20%(Shi,2012)。2013年9月和10月,我国又分别提出与中亚国家建设"丝绸之路经济带"、与东盟国家携手共建"21世纪海上丝绸之路"(即"一带一路"),对一批高速铁路、港口、机场、核电和清洁能源等重大工程进行投资建设,助推了我国重大工程建设的发展进程。

重大工程目标的实现不能依赖单一主体,而是需要众多参建方共同完成,从而形成了复杂的利益相关者关系及相互依赖的利益需求(Van Marrewijk et al.,2008)。实践经验表明,项目参建方之间关系质量的提高有利于项目绩效提升,高质量的组织间关系有利于克服重大工程实施过程中的不确定性(Chi et al.,2011)。当项目参建方形成合作关系,许多潜在的冲突能被提前避免,问题亦能得到共同解决,各方资源和技能能有效整合并促使项目顺利完成。因而,成功的重大工程普遍具备良好的组织间关系,例如,Morris & Hough(1987)在《重大工程解析:基于项目管理实践的研究》一书中通过案例调研的方式反映了组织间合作关系在英国泰晤士水闸(Thames Barrier)和希舍姆核电站2(Heysham 2 Nuclear Power Station)两个重大工程中对目标实现所发挥的重要作用。

重大工程组织间高质量关系的形成依赖于项目参建方之间高度主观能动性、相互合作亦相互妥协的积极行为,如及时的信息共享、有效的沟通、灵活地处理问题，并从项目整体角度出发共同解决困难等（Hoppner & Griffith，2011）。2014年国际工程科技大会上，多位工程管理院士指出，参建方高度主观能动和团结的积极行为是解决工程实践问题，实现重大工程建设目标的关键。关系营销学中，学者们将交易过程中为了促进合作关系所采取的积极行为称为关系行为（relational behavior）（Hewett & Bearden，2001）。关系契约理论指出，关系行为是以互惠性和长期关系为导向的行为，这意味着关系行为的实施不仅可以提高组织间关系，更有利于产生未来隐形价值（Macneil，1980），例如，通过在重大工程中采取关系行为而获得与其他参建方再次合作的机会，并提升市场竞争力。Ning & Ling（2013）指出，关系行为在公共项目中十分普遍且重要，相关现象在许多重大工程中亦可以被观察到。

案例一：上海虹桥枢纽项目

上海虹桥枢纽项目是功能性工程，各分部分项工程立体交叉（如高铁的地板是地铁的顶板），横向和纵向上均需要协调。因此，投资界面、施工界面和管理界面均保持开放状态。在这种情况下，指挥部在实施过程中一直强调投资界面不要斤斤计较，施工界面要尽可能协调，还建立了专门的设计管理、施工管理等平台用于信息交换和共享，从而保证参建方的任务效率。在该项目上，信息沟通十分及时和通畅（田赛男，2011）。

案例二：国家体育场工程项目

在国家体育场工程临时用电安装时，由于时间紧急，北京城建四市政公司在施工面有限的情况下，与其他参建方主动沟通，将公司的临时电源与大家共享，赢得了其他施工单位的主动配合。此外，北京城建四市政公司还抓住有利时机制订施工方案，针对参建单位众多、现场车辆往来多、电缆不能架空也不能埋设的情况，将电缆敷设在地面，通过连续工作18个小时，完成了供电系统安装工程（吴涛，2008）。

案例三：上海世博会项目

在实施2010上海世博会园区建设项目时，当时所有参建方都有个明确一致的目标，就是按期开园。参建方积极性很高，相互配合，变更执行时均尽可能减少程序，加快通关路径，以免造成扯皮。设计不完美就按照施工单位提出的意见修改出图，设计、施工、监理以及各工序、各工种之间的协调加强了，形成了一个集成的大团队，从而使各方的沟通效率提高，上下工序之间的衔接、工种配合和协调得以加强，如油漆工、电工、木工等可以有序进场，快速完成了任务交付，否则该项目不可能按期完成（胡廷楣，2011）。

上述重大工程项目实践表明，参建方的关系行为不仅有利于自身任务绩效提升，亦对项目建设目标实现有重要意义。但上述相关案例仅限于个别项目的实践和探索，尚未上升到理论层面，不能就此确定关系行为提升重大工程项目绩效的路径与方法。同时，参建方的关系行为并不属于强制性行为，无法通过合同约束，而主要依赖于自我履约机制。除了可能的经济驱动外，参建方尚不清楚如何驱动这类积极行为。不难得出，目前大部分重大工程项目实践对组织间关系行为的普遍规律缺乏系统的认识和认知，以至于关系行为难以在实践中得到有效推动。鉴于此，急需对重大工程参建方采取的组织间关系行为开展理论层面的研究，使这种积极行为的涌现常态化。

1.1.2 理论背景

在重大工程管理过程中，行为复杂性和技术复杂性是管理复杂性的"核心"（Flyvbjerg et al.，2003），对其开展研究是构建重大工程管理基础理论及方法的关键所在。随着技术复杂性在理论和实践创新中不断突破，重大工程行为复杂性也开始越来越受到关注。

重大工程全生命期过程情景复杂、组织层级多且规模大，临时性和开放性强。整个决策、计划、管理和协调过程是多行为主体矛盾和利益互动的过程，组织间和组织内部均具有复杂关系，且具有独特的"中国工程文化"，形成了特定的组织场域和复杂的社会经济子系统（Scott et al.，2011）。一直以来，组织间关系都被认为对项目绩效有重要影响（Meng，2012；Miller et al.，2001）。高质量的组织间关系使项目的利益相关者、资源和技能高效而和谐地实现整合。相反的，冷漠的、非人性化（arm's-length relationships）以及互相割裂（fragmented）的组织间关系使各组织追求自身利益最大化，导致组织间各种冲突、犹豫不定以及相互不协调。因此，越来越多的学者和实践人员开始关注组织间关系管理，以期提高项目的关系质量。Pryke & Smyth（2012）指出关系管理是项目管理的重要组成部分，同时它提供了新的项目管理范式，即从传统项目管理模式转变为关系管理范式。

鉴于对合作、协同、项目集成交付等新兴项目管理实践和模式的研究，有学者已经意识到对项目管理中关系行为相关现象开展研究的必要性，相关研究亦逐渐增多（Ning & Ling，2015；Ke et al.，2013；严玲等，2016）。尤其是随着工程建设领域各类关系合同（relational contracting）研究的涌现，如伙伴关系

(partnering)、联盟（alliance）、联合体（joint-ventures），组织间关系行为的重要性愈加凸显。许多的案例表明即使采用关系合同的方式，项目参建方仍然面临缺乏采取关系行为的态度以及共享的项目文化等，从而导致不沟通、不协调行为等（Smyth & Edkins，2007）。正如 Li et al.（2000）在对关系合同的研究中指出，倘若组织的态度和行为始终保持对立和不合作，那么关系合同将仅是一份"空头支票"。Memon et al.（2014）的研究结果也表明，关系合同成功实施的先决条件是业主和承包方之间明确的激励因素，发展合作文化及开展频繁的交流等。由此可见，重大工程组织间关系行为是将正式机制转化为实践的必要过程，决定了正式机制的有效性和关系管理的最终效果。

此外，项目管理中类似行为的研究亦为关系行为的研究奠定了较好的基础，如合作行为（Xue et al.，2005）、协同行为（Alojairi & Safayeni，2012），以及近年来学者根据组织公民行为的概念提出了角色外项目公民行为（Braun et al.，2013）。尽管这些行为在表现方式上存在一定交集，如关系行为的表现形式包括合作行为中共同解决问题，以及项目公民行为中关系维护等，但这些类似行为的目的和特征却不尽相同。Macneil（1980）指出，关系行为具有长期关系导向和互惠性导向。一方面，与合作和协同行为注重共同规划和解决问题以获得经济收益的具体行为不同，关系行为是对一系列有利于关系培养的抽象行为的描述，如灵活性、团结和信息交换；此外，关系行为注重组织间长期关系的培养以获得未来潜在价值，而非纯粹经济价值。另一方面，与项目公民行为是利他行为不同，关系行为强调组织间互惠性，以确保行为的可持续性。

关系行为作为一种不能被强制实施的跨界行为，项目参建方的行为态度、意愿对关系行为的实施有重要影响。例如，Ling（2014）研究结果显示，关系行为潜在收益和风险感知决定了关系行为的实施与否，如可能加快施工速度或可能产生额外的成本，这反映了决策者心理因素对关系行为的作用。关系营销领域的文献亦表明交易方自身的合作态度（Lusch & Brown，1996）、长期关系导向和关系能力等（Paulraj et al.，2008）对关系行为驱动至关重要。计划行为理论（theory of planned behavior，TPB）作为一种最常用的预测行为的理论，认为预测行为的关键因素是行为意愿。目前在 R&D 项目中，TPB 已经用于解释特定类型的关系行为，如信息共享行为和知识共享行为等（Kolekofski & Heminger，2003；Bock et al.，2005）。因此，可基于计划行为理论，从社会心理学的视角探究重大工程情境下参建方采取关系行为的内部驱动因素。

基于项目治理的视角，以往的研究主要分析契约治理和关系治理对各类行为和绩效的影响（Luo，2002；Yang et al.，2011）。契约治理是基于交易成本理论，采用经设计的书面合同和管理机制来引导参建方的行为，从而达到既定目标。正式的合同包含了明确的条款、规定的行为以及风险的分配。正式的合同越完整，对承诺和义务的说明越详细，参建方在合同机制的保护下，实施关系行为的可能性也越大。但也有研究认为，在合同中，参建方是以独立个体的形式（atomized manner）完成自身任务，因此会寻求自身利益最大化（Williamson，1975）。由于有限的认知，合同双方都是倾向于保护自身权益但最小化自身责任。考虑到正式合同的不足，学者们开始关注基于关系交换理论的关系治理机制，它提出了一系列不太明确的规范（如信任）来维护关系。但治理机制与行为的有效性与情境因素密切相关，因此需要基于治理理论探讨重大工程情境下组织间关系行为的外部驱动机制。

最后，渠道和供应链管理相关研究表明，组织间关系行为有益于提高交易方的关系绩效和关系满意度等（Paulraj et al.；2008；Yan & Dooley，2013），并能减少机会主义行为和交易成本。在工程建设领域，Ning & Ling（2013）研究表明关系行为对促进项目关系质量有显著作用，并对项目成本、工期、质量目标及业主满意度等绩效指标有积极影响，但未深入揭示关系行为对参建方自身和项目整体绩效的作用。值得注意的是，对重大工程组织间关系行为的研究需要结合中国情境。我国的政府职能、市场机制作用和工程国际化程度等均与国外具有显著不同。和欧美等发达国家相比，我国"政府—市场"制度环境对重大工程组织模式起着主导作用，市场机制尚处于不断发展过程中，法律体系还需要不断成熟和完善。此外，中国的关系文化、个体行为特质和组织行为特征等也存在差异。因此，中国不能简单地照搬现有国外其他领域关系行为的相关理论和结论，而必须聚焦于中国工程管理实践，探讨我国重大工程组织间关系行为的驱动和对项目目标实现的作用等问题。

1.2 本书的研究问题与相关概念界定

1.2.1 问题提出

本书的研究选题源自于国家自然科学基金重大项目"我国重大基础设施工

程管理的理论、方法与应用创新研究"（No. 71390521）及其子课题三"重大基础设施工程的组织行为与模式创新研究"（No. 71390523）。在重大课题立项规划中已经提出："重大工程中组织间关系行为作为一种积极的组织间跨界行为，现有研究主要针对两方主体的单一类型关系行为开展研究，研究结论难以系统指导关系管理实践。全面深入地开展重大工程组织间关系行为形成、行为驱动和行为治理的研究十分必要；尤其是研究组织行为的合同治理及关系治理机制和策略，以减少组织面临的不确定性，提高组织行为的稳健性。"

基于课题立项规划和以上关于行业与理论背景的探讨，本书借鉴关系营销和组织行为学的最新研究，融合计划行为理论、契约治理、关系治理等多种学科理论，研究中国情境下重大工程这一特定领域中参建方组织间关系行为的关键问题。首先，考虑到重大工程参建方之间可能存在着多种类型关系行为，并能通过相互协作实现价值交换并提高项目整体价值，因此，第一步是识别重大工程组织间关系行为的维度和表现行为。其次，由于关系营销中以及目前工程建设领域对关系行为相关研究均显示感知态度和行为意愿等社会心理学因素对关系行为采纳有驱动作用，因此，本书对重大工程组织间关系行为内部驱动因素的探讨主要是基于计划行为理论，从社会心理学视角出发，根据文献综述选取组织属性因素（参建方之间过去的合作经历）以及重大工程情景因素（项目文化），考察这些因素对社会心理学因素驱动关系行为作用路径的影响。再次，新制度经济学指出组织的经济行为总是嵌入在外部环境中，并受外部环境的影响。因此，重大工程参建方的关系行为除受内部社会心理因素的驱动外，亦被所处外部环境中各项治理机制的影响。本研究选取的外部驱动主要来自于最主要的两项组织间关系治理机制——合同治理和关系治理，探索在重大工程不确定性这一突出情境因素的作用下，不同治理机制对组织间关系行为的有效性以及两种机制的相互作用对关系行为的影响。最后，作为一种促进组织间合作关系的积极行为，关系行为可能在组织间形成良性交互和合力，为行为主体自身和整体目标的实现带来正向作用，实现项目绩效的涌现。该结论已经在渠道关系和供应链关系管理中得到验证。而在重大工程中，参建方具有高度依赖性并处于不确定情境下，因此，本书重点考察了组织间关系行为对项目绩效（项目目标的实现程度）产生的涌现效应。由于关系行为并不是纯粹的利他行为，亦需要考察组织间关系行为对参建方任务绩效和关系绩效，以及其他方机会主义行为等的影响，从而揭示从组织间关系行为到重大工程项目绩效提升的涌现路径。

基于上述思路,本书确定了重大工程组织间关系行为(inter-organizational relational behavior in megaprojects,MIRB)研究的四个关键问题,识别了 MIRB 的不同维度,揭示了 MIRB 的内部驱动因素和外部驱动机制,并论证了 MIRB 对重大工程项目绩效的影响,具体内容如下:

①重大工程组织间关系行为的识别:在重大工程项目实践中,参建方实施关系行为有哪些维度和具体表现形式?

②重大工程参建方关系行为的内部驱动因素:参建方自身为什么采取关系行为?社会心理学驱动因素有哪些?这些驱动因素会根据参建方属性(如与其他方过去的合作经验)以及重大工程情境(项目文化)产生哪些变化?

③重大工程参建方关系行为的外部驱动机制:参建方在受到上述内部动因驱动的同时,在项目实施过程中,还会受到外部治理机制的广泛影响。重大工程的合同治理机制和关系治理机制分别对组织间关系行为有怎样的影响?这两种治理机制是相互补充还是替代来影响参建方的组织间关系行为?重大工程不确定性对治理机制对关系行为作用有效性有怎样的影响?

④重大工程组织间关系行为对项目绩效的影响:作为一种积极行为,参建方的关系行为对于实现重大工程项目目标有什么作用和意义?对参建方自身的绩效是否有直接的促进作用?对其他参建方的机会主义行为是否有抑制作用?如果参建方的关系行为对重大工程项目目标实现有积极的作用,这种作用过程是怎样的?有哪些路径?

1.2.2 相关概念界定

(1)重大工程相关概念

对于重大工程(megaproject)的定义,目前并没有一个统一的界定。各个国家和地区根据项目规模和特征给出了相应的标准,而不同的机构和学者对重大工程的理解亦不尽相同。如美国联邦高速公路管理局[①]将投资额超过 5 亿美元的工程项目定义为重大工程,澳大利亚学者和香港机构[②]则分别界定为 5 亿澳元和 10 亿港元以上(Müller & Turner, 2010;Hu et al., 2013),而我国国家发展和

---

① 美国联邦高速公路管理局网址:http://www.fhwa.dot.gov/。
② 香港特别行政区发展局网址:http://www.devb.gov.hk/。

改革委员会对重大工程的界定并无具体投资额标准，而是根据审批程序的区别进行界定。重大工程案例研究和数据中心①将重大工程界定为总投资在 10 亿元人民币以上。此外，重大工程的界定除了考虑投资规模，还应包括其对地区和国家的影响。较一般项目而言，重大工程项目不仅仅是简单地将小型项目的规模放大，它在项目目标、交付周期、复杂程度和利益相关者的参与程度方面均显著不同（Flyvbjerg，2014）。根据研究文献并结合我国不同地区的实际情况，本书将重大工程界定为投资规模较大（10 亿元人民币以上），具有较高的复杂性、较长的工期，对所在地区乃至国家的经济、社会、技术和环境有重要及广泛影响的基础设施工程。

重大工程组织既包括政府机构等公权力部门，也包括投资主体、建设单位、勘察设计单位、施工单位、供货单位以及专业咨询单位（如工程咨询、工程监理、招标代理）等工程建设参与主体，还包括社会公众等其他利益相关者及外部关联组织。但限于重大工程参建方众多和数据可获得性，本书的参建方主要指设计和建设阶段参与重大工程项目实施的六类主体，即业主方（含参与重大工程管理的政府相关人员）、监理单位、设计单位、施工总承包单位（包括施工总承包单位委托的施工单位、DB 总包单位、EPC 总包单位）、专业分包单位以及项目管理咨询单位。与此同时，在后面的研究中会采用相关统称，按照参建方所承担的工作性质进行归类，将监理单位、设计单位和项目管理咨询单位统称为咨询方，而施工总承包单位和专业分包单位统称为承包方。

（2）关系行为（relational behavior）

关系行为的概念在关系营销范式兴盛后才被正式提出，最初是指商业关系中某一方在商业互动中表现出的行为。早期对于关系行为的研究，更多的是基于权力、依赖来探讨相关的渠道行为和控制机制。随着营销理论与实践的发展，特别是关系交换、关系营销理论的发展，从 20 世纪 80 年代中期开始，虽然权力、冲突等变量依然受到营销学者的广泛关注，但是关系行为的研究开始更多地基于信任、承诺等来探讨关系交换中的各方行为，这些行为也更多地以合作、互惠和互适应为核心。

目前对关系行为的讨论主要是关于关系契约（relational contract）。关系契约

---

① 重大工程案例研究和数据中心网址：http：//www.mpcsc.org/。

是指以长期导向、互惠性并超越一般买卖关系为特点的关系交换（Li & Dant, 1997）。关系契约以 Macneil（1980）提出的 28 项关系规范（relational norms）为交易基础，其中每一种规范都是交易方共同期待的某种特定交换行为，这些交换行为反映了交易方共同利益以及建立长期关系的意向。Macneil（1980）认为关系行为是支持关系契约的一系列行为。作为一个潜在变量，Noordewier et al.（1990）认为关系行为是交易方在履行任务、职责或义务方面表现出来的一系列行为。之后，Heide & John（1992）指出关系行为是在交易过程中为了促进合作关系所采取的一系列积极行为，这是当前最为常用的一个概念。关系行为强调支持组织间交易的行为，并通过共同行动来创造和/或分配价值。在工程建设领域中，Ning et al.（2013）沿用了 Macneil（1980）对关系行为的解释，认为关系行为是关系合同所强调的一系列促进组织间关系的行为。

根据研究背景的不同，不同的学者选取了不同的关系行为维度，具体可见本书文献综述第 2.1.2 部分的关系行为维度划分。总体而言，目前学者们对关系行为的描述主要有两种。Lusch & Brown（1996）沿用 Heide & John（1992）对关系规范的测量，将关系行为分为灵活性（flexibility）、信息交换（information exchange）、团结（solidarity）三个维度。其中，灵活性指的是面对变化的环境与形势时，一方提出改变先前协定或惯例，另一方响应和满足其要求；信息交换指的是一方及时准确地向另一传递关键的信息；团结指的是一方实施了一些维护长期合作关系的行为（Sezen & Yilmaz, 2007）。Hewett & Bearden（2001）将关系行为分为依从（acquiescence）和合作（cooperation）来反映企业的关系行为。依从被定义为在交易过程中，一方接受或遵从另一方特殊要求的程度；合作被定义为双方获得共同成果而采取的协调行为。

从以上定义和分类可知，关系行为与关系契约理论中提出的关系规范密切相关，均反映了交易方共同利益以及建立长期关系的意向，但关系规范是对某些积极行为的期待，并非实际发生的行为。据此，本书提出重大工程组织间关系行为是重大工程参建方在项目实施过程中为了促进组织间合作关系所表现的一系列积极行为（Zheng et al., 2018），它们具有自我履行、互惠性和长期导向性特征。

（3）基于计划行为理论的内部驱动因素相关概念

计划行为理论（theovy of planned behavior，TPB）包含的因素主要有行为态度、主观规范、感知行为控制以及行为意愿，相关文献综述见本书第 2.3.1 部分。以下仅阐述其在本书中的含义。

行为态度（attitude）是对行为积极或消极的观点和评价，本书将态度划分成感知收益的态度和感知风险的态度，前者是指采取关系行为可能获取到的经济、技术、服务和社会收益的集合，后者包括与关系行为采纳相关的成本和风险。主观规范（subjective norms）是指重大工程参建方感知到其他重要利益相关者对于其采取关系行为给予的压力。感知行为控制（perceived behavior control）在本书的研究中被界定为关系能力，指重大工程参建方有意识地去建立、维护和发展合作关系的能力。行为意愿（intention）是指重大工程参建方采纳关系行为的主观概率。

（4）重大工程外部治理机制相关概念

一般认为组织间关系的治理包括合同治理和关系治理机制（Poppo & Zenger，2002），两者的研究综述分别见本书第2.3.2部分和第2.3.3部分，以下仅对相关概念进行界定。

合同治理也称为"契约治理"或"正式合同"等。基于交易成本理论，合同治理来源于经济合理性，通过正式的规则、条款和程序来规定双方的权利和责任，这些责任和条款明确规定了双方行为的合法性并对一致同意的条款给出了很小的变化空间。合同还规定了未来的各种情况该如何应对，并通过监督和奖惩来约束组织间关系。在本书中，合同治理被分为条款的明确性（term specificity）和条款的适应性（contingency adaptability）。在合同中，条款的明确性界定了各方的权利、义务、实施的原则、程序和方式等；条款的适应性描述合同双方相互明确的容忍区域或者在合同中规定处理冲突和意外情况的原则、指南和可能的解决方案（Goo et al.，2009）。

关系治理也称为"关系机制"或"社会控制"，指的是组织间关系受社会关系（social relations）和共同规范（shared norms）管制的程度（Cao & Lumineau，2015）。在现有文献中，信任是最经常讨论的关系治理类型之一（Zhang & Zhou，2013），因此，本书选取信任来代表关系治理。信任是指在交换过程中对合作者诚信、信誉和仁慈程度的信心。

（5）重大工程项目绩效相关概念

①重大工程项目绩效。传统对项目结果的评价采用项目绩效，即侧重对"铁三角"（即工期、成本和质量）的考察，有别于传统项目绩效对客观量化指标的强调，本书对项目绩效评估有一定的主观性，强调对目标实现有价值

的程度，即"做正确的事"，是组织产出多个方面的综合评估（Matthews，2011）。鉴于此，本书的重大工程项目绩效是指重大工程项目目标的实现程度，综合评价"铁三角"（即工期、成本和质量）和利益相关者的满意程度。

②参建方绩效。如果仅从一次性交易角度看待商业关系，参建方绩效即为当次的任务绩效。然而，从长期关系角度，参建方绩效还包括关系绩效（relationship performance）。参建方的任务绩效包括任务完成成本、质量和进度的效果（Zhang & Li，2016）。参建方关系绩效是指除了短期经济利益之外，参建方可以获得的潜在长期收益，例如，与其他参建方建立良好社会关系以及获得未来合作的机会，类似于以往文献中的关系延续（relationship continuity）（Cannon，2010）。

③机会主义行为。在交易成本理论中，Williamson（1975）将机会主义行为定义为"以欺诈的方式追逐自我利益"的行为，包括"说谎、偷窃、欺骗和误导、歪曲、伪装或其他混淆视听的算计伎俩"。在重大工程中，机会主义可能存在于项目的各个时期，表现为在招标阶段，招标人故意排斥人、偷泄标底以及投标人故意抬标、串标等；在项目设计阶段，设计单位的方案和设计不合理；在项目实施阶段，监理方的偷懒行为，施工单位违法转包、偷工减料以及以次充好等（Lu et al.，2015）。

1.3　本书的研究内容与技术路线

1.3.1　本书的研究逻辑与研究内容

（1）研究逻辑

本书的研究对象为重大工程中参建方实施的关系行为，由于关系行为是一种组织间跨界行为，因此也称为组织间关系行为。研究范围为重大工程设计和施工阶段。本书的研究逻辑在于：由于重大工程组织间关系行为涉及重大工程项目内外部环境以及参建方自身等多方面的因素，本书将从行为现象识别出发，从社会心理学因素出发理解参建方实施关系行为的内部驱动因素；然后将组织间关系治理作为外部驱动，揭示重大工程中不同治理机制的有效性，以便制定有效的行为治理策略，提高组织间关系行为这一积极行为在项目中的稳健性。在考察内部驱动因素和外部驱动机制的过程中，亦不能忽略重大工程参建方特征和关键情境因素在上述路径中的重要作用，包括参建方过去的经历、重大项目文化和不确定性等关键情境因素。通过刻画组织间关系行为对项目绩效的效应，可以充分体现这一现象对项目实践的客观价值和重要性，亦是研究价值的重要体现。因此，本书研究内容的逻辑关系为：①关系行为的识别：基于重大工程项目实践和理论定义认识和界定研究对象；②关系行为的内部驱动因素：即参建方的社会心理学驱动因素；③关系行为的外部驱动机制：即合同治理和关系治理对参建方关系行为的有效性和适应性研究；④关系行为产生的效果：即关系行为对重大工程项目绩效的影响。上述研究逻辑见图1-1。

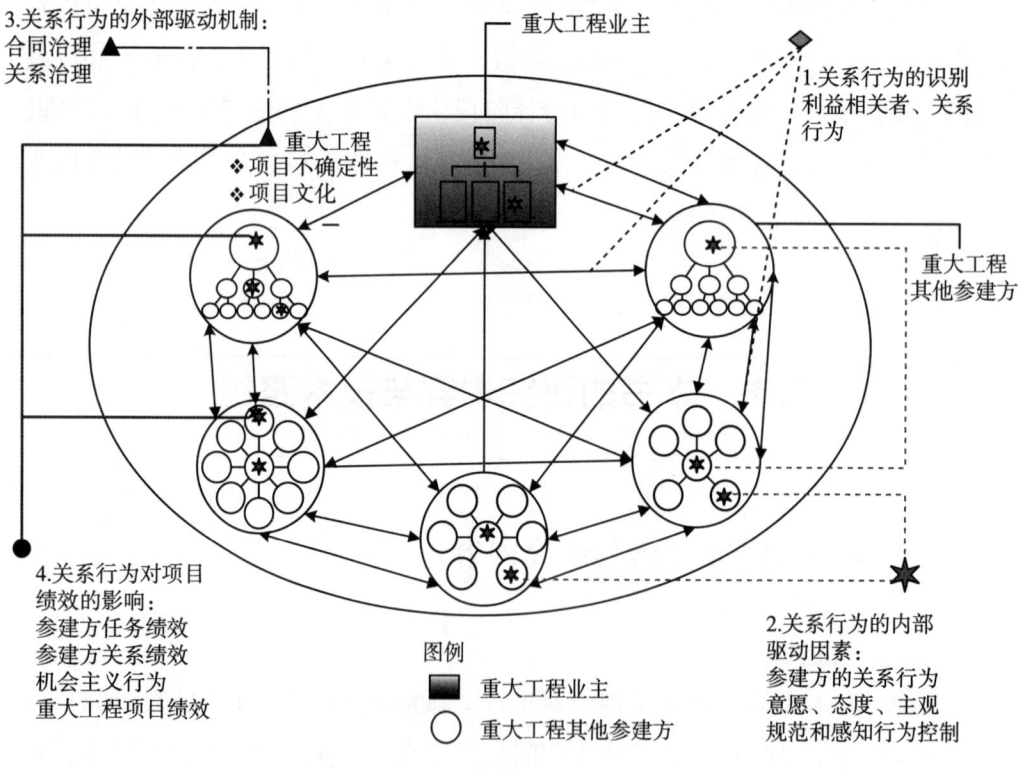

图1-1 研究内容的逻辑关系

（2）研究内容

基于图1-1的研究逻辑，具体开展以下四个方面的研究。

①重大工程组织间关系行为（MIRB）的识别。基于MIRB的定义，结合文献综述和实践现象，明确了MIRB的维度及具体表现形式。

②MIRB的内部驱动因素。组织行为的预测和驱动一直是管理学领域重要的研究课题，而计划行为理论是被最广泛采纳的从社会心理学视角开展行为预测和驱动的理论，它的基本假设是行为意愿是决定实际行为的最核心因素。鉴于此，本书以计划行为理论模型为基础，探究重大工程情境下参建方采取关系行为的内部驱动因素，包括行为态度、主观规范、感知行为控制和行为意愿。本书一方面分析了重大工程参建方在社会心理学方面的内部驱动因素和驱动路径；另一方面揭示了参建方特征（参建方之间过去的合作经历）和项目情境因素（项目文化）对内部驱动路径的影响及触发机制，以此反映MIRB的内部驱动因素的复杂性特征。

③MIRB的外部治理机制。重大工程参建方的关系行为除受社会心理因素的驱动外，亦被所处项目环境中各项治理机制的影响。对组织间关系的治理机制一般包括合同治理和关系治理。本书基于交易成本理论和关系交换理论，构建了合同机制和信任机制对重大工程参建方关系行为的外部驱动模型。考虑到合同内容的多维度特征，将合同划分为合同条款的明确性和合同条款的适应性，以此探索合同的两方面内容对MIRB的不同作用。由于合同治理和关系治理的相互作用是互补还是替代一直是学术界探讨的话题，因此，本书探究了在我国重大工程情境下，不同合同机制与信任机制的相互作用对MIRB的影响，并提出了项目不确定性这一重大工程突出特点对外部驱动路径有效性的影响，进一步验证了上述治理机制的情境适用性。

④MIRB对项目绩效的影响。在分析探索了组织间关系行为的内部驱动因素与外部驱动机制后，一个关键的问题是作为一种积极行为的组织间关系行为对重大工程项目绩效的实际效果究竟如何。只有能切实给重大工程参建方绩效和项目绩效带来正向作用的行为才可能在项目中可持续性地存在并在其他项目中扩散。基于关系营销中对关系行为产生效果的相关理论成果，本书构建了MIRB对项目绩效的影响模型。在这一研究过程中，首先探究了MIRB对参建方任务绩效和关系绩效的影响，其次考虑了MIRB对机会主义行为的影响，最后综合评价MIRB对重大工程项目绩效的作用，尤其是参建方绩效在MIRB和项目绩效之间

关系的中介作用。

1.3.2 本书的研究方法设计

Sauders & Thornhill（2009）认为规范的研究方法设计应确定研究设计的关键要素和实施路线，因此制定了研究方法的层次"洋葱"图，具体包括酝酿研究哲学、甄选研究方法、拟定研究策略、明确时空维度，并选择相适应的数据分析和处理技术。之后，孟晓华（2014）结合各自研究需要对洋葱图进行了一定的改进。本书借鉴孟晓华（2014）的观点形成了本书的设计思路，如图1-2所示。

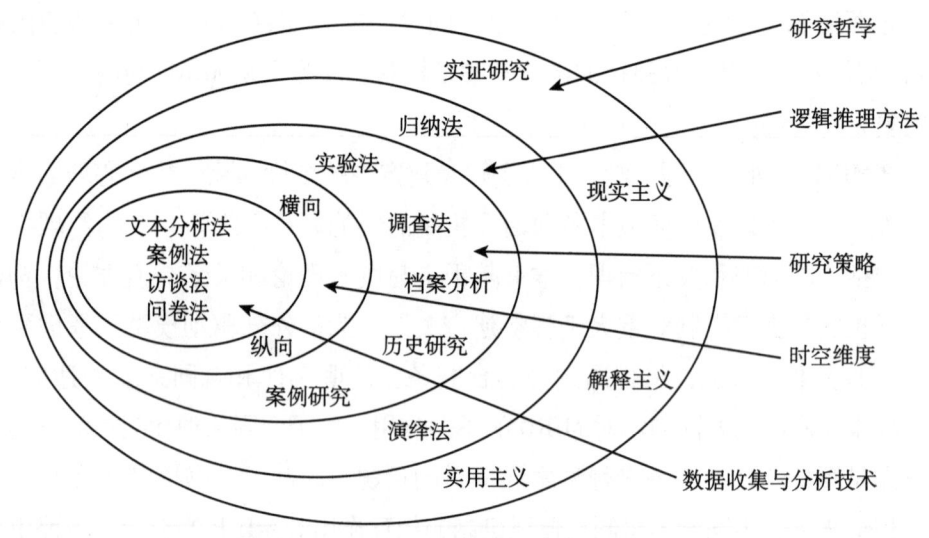

图1-2 研究方法设计

资料来源：Sauders & Thornhil（2009）和孟晓华（2014）。

（1）研究哲学与推理逻辑

本书主要采用客观中立的实证主义（positivism）哲学思想，目的在于探索重大工程参建方实施关系行为的内部驱动因素、外部驱动机制、对项目目标实现的积极价值等关键问题。在理论框架设计时，主要以组织行为学、计划行为理论、契约治理理论、关系交换理论等社会学、社会心理学、营销学和管理学等多学科理论为基础进行跨学科研究，采用文献综述和实践专家访谈的方法，重视理论与行业现状的结合，首先基于文献综述提出理论框架设计和问题清单，然后通过行业专家访谈对理论框架设计进行修订，进而凝练和深化研究问题中切实影响项目实践的关键点，形成本书最终的理论框架，避免理论研究与重大工程实践的脱节。

在对重大工程组织间关系行为进行识别的过程中，重点通过案例研究的文本分析，采用事例归纳法为关系行为的具体维度和表现形式提供实践支撑。在组织间关系行为的内部驱动因素、外部驱动机制以及对绩效的影响研究中均采用实证主义和演绎法，重视数据的分析和推理的逻辑，根据相关理论提出研究假设，搜集相关的数据和证据，对假设进行验证并得出研究结论。

（2）研究策略与时空维度

与研究哲学和逻辑推理方式保持一致，本书主要采用调研（survey）的研究策略。鉴于纵向分析数据的难获取性，本书在时空维度上属于横向研究（cross-sectional study）。通过对重大工程管理者数据的横截面数据调研，量化组织间关系行为的内部驱动因素、外部治理机制以及对项目绩效的影响。

（3）数据收集与分析技术

本书综合运用了一手与二手数据，以文本分析、专家访谈、案例分析、数理统计学等为主要分析技术。

对重大工程管理行为的识别综合采用了专家访谈和文本分析法等质性研究方法。在理论研究的基础上，针对我国大陆地区重大工程情境及参建方表现出的组织间关系行为，遵从文献阅读—半结构化专家访谈—事例收集等一系列步骤，形成重大工程参建方关系行为维度和表现形式。事例收集主要来自公开资料，选择典型的重大工程项目为收集对象，收集渠道包括出版书籍、网站和项目纪实报告等，尽可能收集相关项目参建方关系行为在各维度上的实例，以确保理论联系实际。

对重大工程参建方关系行为的内部驱动因素、外部治理机制以及对项目绩效的影响分析则主要采用社会学中常用的数理统计学，包括多层次回归分析（hierarchical regression analysis）和适用于小样本数据分析的、结构方程模型中的偏最小二乘法（partial least square structure equation model，PLS-SEM）。

1.3.3 本书的技术路线

结合上述研究逻辑与研究方法选择，本书的技术路线见图1-3。

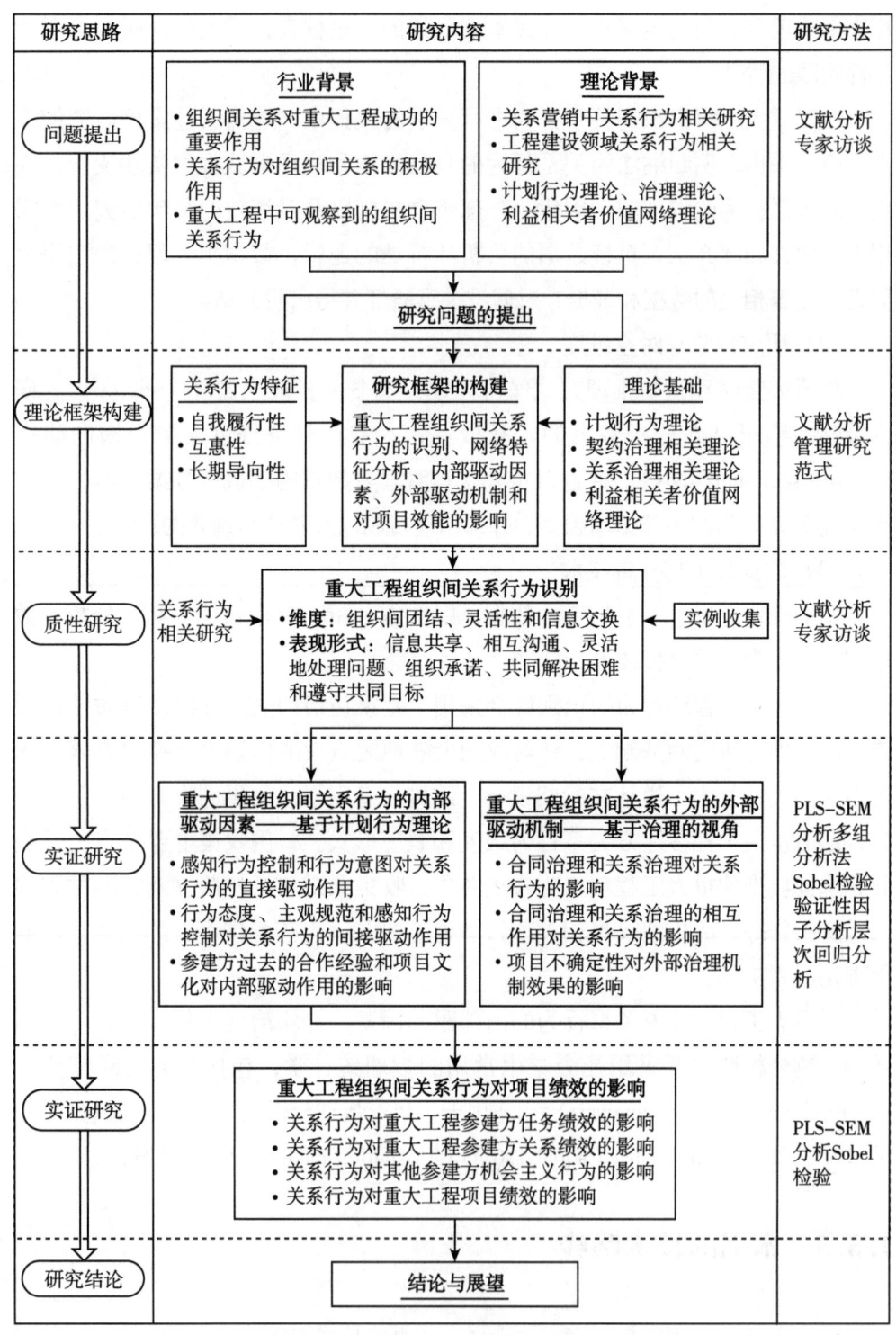

图 1-3 研究技术路线

第 2 章　国内外研究现状与理论基础

2.1　关系行为研究综述

2.1.1　工程建设领域关系行为相关研究

关系行为已被论证适用于工程建设领域并广泛存在于项目管理实践中。从关系行为的长期导向性而言，建立长期关系对项目参建方十分重要。尽管一个项目会结束，但是项目参建方之间建立的关系并不会完全到此为止；而且有资质参与重大工程的参建方是有限的，参与过某一重大工程的参建方未来仍有机会参与其他重大工程。正如 Ling et al.（2013）研究发现，尽管在公共项目中各参建方需要尽可能保持一定的距离，以免被怀疑有腐败倾向，但是关系行为在公共项目中仍然十分普遍。此外，工程建设领域的学者们已认同了关系行为对项目管理的有效性。Müller & Jugdev（2012）认为合作、协作和沟通是影响项目成功的关键要素。Serrador & Turner（2015）指出有效的项目管理是基于高水平的互动、协作、响应能力和联合解决问题。Shenhar & Dvir（2008）指出大多数现代项目是复杂和不确定的，需要随着项目进展进行适应和变化。Svejvig & Andersen（2015）认为项目通常是动态的，需要交易方之间具有灵活性。

对于关系行为的界定，Ning（2014）基于 Macneil（1980）的 5 个关系规范——角色的完整性、灵活性、团结、方式的专有性和协调，识别出公共建设项目缔约单方、双方及项目所有参建方的关系行为。严玲（2016）根据 Ning（2014）提出的关系行为总结出了我国公共建筑项目中参建方单方关系行为、双方关系行为和所有参建方关系行为。

目前在工程建筑领域对关系行为的研究主要集中在对其驱动因素、阻碍因素和结果的识别和比较分析上。Ning & Ling（2015）认为项目的复杂性以及项目业主的类型对关系行为的采纳有直接影响；此外，Ning & Ling（2013a）识别出了阻碍关系行为的诸多因素，比较了业主方、承包商和咨询方在关系行为采纳上的驱动因素和阻碍因素的异同。合同对关系行为的作用也开始受到重视，严玲等（2016）利用关系行为量表，对合同策略中3个维度对应的关系行为进行测量，明确各参建方在合同缔约各阶段采取的具体关系行为，结果发现：在缔约全过程中，承包人对待关系行为始终处于积极状态，业主方采取关系行为则存在一定的障碍。Anvuur & Kumaraswamy（2011）识别出了团结的四个前置因素，包括合同的经济激励、惩罚、内在工作满意度和合法性。

在关系行为的结果方面的研究，Ning & Ling（2015）认为关系行为能促进关系质量的提升，证实了关系行为与成本、工期、质量及业主方满意度等绩效指标间的关系，明确了不同关系行为能提高的具体项目绩效。此外，Ning（2014）以新加坡公共项目为例，基于关系交易理论和网络嵌入理论，证实了适当的关系行为能够节省交易成本、缩短工期、提高业主满意度。考虑到各国和地区的制度差异，Ling et al.（2013）比较了香港和北京不同地区背景下关系行为对项目绩效影响；Ling et al.（2014）比较了关系行为在悉尼和北京的作用结果，结果表明在两个地方采纳关系行为均能提高关系质量，但相比而言，在悉尼提升关系质量能带来更佳的项目绩效。Ke et al.（2013）对比了不同合同策略下各类关系行为对项目结果和关系质量的影响。Osipova（2014）认为合作关系和关系行为的培育有利于实现有效的共同风险管理。Stephen & Coote（2007）认为在建筑行业中承包商管理者的可控行为，如支持性领导力、监控，能正向促进关系行为，而关系行为能提高目标的一致性和财务绩效。

在关系合同的文献中，一些研究也开始关注关系行为。Li et al.（2000）认为关系合同实施的许多关键成功因素均为行为和态度因素，包括信任、合作和承诺。Phua（2004）认为在关系合同执行过程中，参建方的合作行为对组织间关系的改善有积极作用。Cheung et al.（2003）通过调研采用伙伴模式（partnering）的一个重大地铁项目得出参建方的关系行为对项目绩效有正向作用的结论。

综上所述，目前在工程建设领域已有部分学者对关系行为开展了一定的研究，但仍缺乏对关系行为的清晰界定，以及对关系行为驱动因素和价值的系统研究，且尚未出现重大工程情境下参建方关系行为的研究成果。

2.1.2 关系营销中关系行为相关研究

目前对关系行为的研究广泛集中在采取关系营销的市场营销、渠道管理和供应链管理领域。通过对这些领域中关系行为研究检索、分析和梳理发现，当前研究主要集中在关系行为维度、驱动因素和产生的效果三个方面。

（1）关系行为的维度

根据研究背景的不同，不同的学者选取了不同的关系行为变量，但主要是借鉴了 Macneil（1980）识别出的 10 类关系规范，分别是：①角色的完整性（role integrity）；②互惠性（reciprocity）；③计划实施（implementation of planning）；④一致性（effectuation of consent）；⑤团结（contractual solidarity）；⑥依赖和期待（the linking norms of restitution, reliance and expectation）；⑦权力约束（creation and restraint of power）；⑧灵活性（flexibility）；⑨协调（harmonization within the social matrix）；⑩方式的专有性（propriety of means）。

Kaufmann & Stern（1988）首先提出了关系主义（relationalism）的维度，即之后的"关系行为"，包括三个维度，分别为交易方之间的团结、灵活性和信息交换。之后部分学者沿用了这一维度划分或稍作变化，如 Lusch & Brown（1996）采用了灵活性、信息交换和合作，Stephen & Coote（2007）认为关系行为包括灵活性、团结、信息交换和可信任（trustworthiness）。Krathu et al.（2015）通过文献综述认为关系行为包括沟通、信息交换和合作，并认为合作与团结的含义相似，可相互替代。也有部分学者采用了更多的关系规范作为关系行为的测度维度，如 Ivens（2004）将 Macneil（1980）的进行了修订，总结出了新的 10 个关系规范，并归类为 4 种类型。

另一类关系行为维度划分是合作和依从。Kumar（1996）使用了依从来表示销售商对供应商制定的渠道政策、活动和工作程序的被动接受；Morgan & Hunt（1994）则把依从定义为合作伙伴接受或遵从另一方特定要求和政策的程度，是为了保持交换关系的被动行为；Hewett & Bearden 在对总部与海外营销分支机构的关系研究中也有类似的定义。Hewett & Bearden（2001）引用了 Morgan & Hunt（1994）的观点，强调了依从和合作的区别，即合作是一种预先的、主动的关系行为，而依从是一种反应型的、被动的关系行为。也有学者将两种维度划分进行了结合并增加了自身的理解,如严兴全等(2011)将关系行为划分为合作、灵活性、口碑、正式控制、默许与机会主义。

目前多项研究都沿用 Lusch & Brown(1996)对关系行为的分类,认为最常见的关系行为都与三种规范有关:灵活性、信息交换和团结。之后的大多数研究均采用这三种规范来测度关系行为(Hoppner & Griffith, 2011;Griffith et al., 2006)。

(2)关系行为的驱动因素

信任和依赖是关系行为的主要驱动因素,大多数的学者在研究"信任"对关系行为的影响时,总是将"依赖"这个变量考虑进来。例如,Andaleeb(1995)用实验法研究了营销渠道管理中,信任与依赖对关系行为的交互作用;Lusch & Brown(1996)使用问卷调查研究了营销渠道中影响关系行为的主要变量;Hewett & Bearden(2001)研究了跨国集团的母子公司之间的依赖和信任分别对关系行为的影响;Camarero & Gutiérrez(2004)则研究了产业市场的长期交易关系中,依赖与信任对关系导向交易的作用;Sezen & Yilmaz(2007)沿用 Lusch & Brown(1996)对关系行为的分类,分别研究了信任和依赖对三种不同的关系行为的不同作用。以上研究大多是站在购买者(buyer)角度来看问题,研究的是分销商(distributor or retailer)对供应商的信任如何影响分销商的关系行为,但 Camarero & Gutiérrez(2004)使用了配对样本,从购买者和供应商两个角度分别研究了信任对关系行为的影响。值得注意的是,尽管以上研究都涉及了信任、依赖和关系行为这 3 个变量,但它们对这些变量的处理却不尽相同。表 2-1 归纳了它们对各个变量的处理方法和主要研究结论。

表 2-1　　　　信任和依赖对关系行为影响的文献总结

文献	关系行为	信任	依赖	主要研究结论
Andaleeb(1995)	合作	单维度	DBS	DBS 高时,信任对分销商的合作倾向的影响显著低于 DBS 低的时候
Hewett & Bearden(2001)	依从、合作	可靠、善意	DBS	DBS 对子公司的依从没有显著影响,但信任对子公司的依从和合作都有显著正向影响
Camarero & Gutiérrez(2004)	长期导向、团队、合作、交流	单维度	DBS, SDB, DB	DB 和 SDB 对供应商的关系行为都有显著正向影响;供应商对购买者的信任会强化 DB 和 SDB 对供应商关系行为的正向影响

续表

文献	关系行为	信任	依赖	主要研究结论
Yilmaz et al.（2005）	灵活性、信息交换、团结	单维度	DBS, SDB, DB	DB 高时，信任对分销商的关系行为没有显著影响，DB 低时，信任对分销商的关系行为都有显著影响
Sezen & Yilmaz（2007）	灵活性、信息交换、团结	单维度	DBS	DBS 显著地影响灵活性和团结；信任显著地影响信任交换和团结；两者对团结的影响没有显著的差异

注：SDB 指供应商对购买者的依赖；DBS 指购买者对供应商的依赖；DB 是指双边依赖。

之后一些学者开始研究依赖与其他因素对关系行为的作用，如 Lusch & Brown（1996）的研究结果显示批发商和分销商以及主要供应商的依赖结构分别影响明确合同（explicit contract）和规范合同（norm contract），且依赖结构和合同通过关系行为的中介作用影响批发商和分销商绩效。Cai et al.（2009）认为交易方的相互依赖会影响组织间共同解决问题、共同规划、合作性交流等关系行为。Gençtürk & Aulakh（2007）提出关系行为的影响因素为关系结构，包括依赖性、规范性和社会性。Cai & Yang（2008）将关系行为的前置分成了 3 类，包括依赖性、交换风险（exchange hazards）和规范促进因素（norm facilitators），具体而言，规范促进因素是指交易的频率、关系长度和法律合同。

基于信任—承诺理论，承诺亦被认为是关系行为的一项重要影响因素。黄秋萍等（2014）指出在关系营销领域，关系行为的研究更多地基于依赖、信任、承诺等来探讨关系交换中的各方行为，这些行为也更多地以合作、互惠和调适为核心。严兴全等（2010）分别从买方和卖方视角分析了 B2B 商业关系中信任和承诺对关系行为的影响。此外，基于社会交换理论，Griffith et al.（2006）研究发现供应链关系管理中供应商政策的程序公平性和分配公平性对分销商长期导向的关系态度和关系行为的正向驱动作用。

基于交易成本理论，学者考察了关系特定投资（relationship-specific investment）和机会主义行为（opportunism）对关系行为的作用。在关系特定投资的影响作用方面，Min et al.（2005）提出供应链合作的前置因素包括战略意向、内部一致性、关系导向、关系特定投资、信息流和沟通、规范化。Palmatier et al.（2006）采用元分析方法得出关系行为的影响因素包括关系收益、对卖方的依赖、关系投资、卖方的专业技术、交流、相似性、关系长度、交互频率、冲突。Palmatier et al. （2007）认为顾客承诺、顾客信任、顾客关系特定投资、卖方关系特定投资、卖方机会主义行为、依赖性、依赖的不对称性、交流等因素均会对关系行为产生影响。在创新性研发项目中，特定投资（special investment）会正向影响组织间关系行为（Wu et al.，2017）。在机会主义行为方面，Lado et al. （2008）采用了 Agent 仿真的方式模拟了零售行业中，组织间同时存在信任和机会主义行为对组织间关系行为的影响，结果显示同时存在高水平的信任和机会主义行为或者同时存在低水平的信任和机会主义行为均会促进关系行为的产生。

除了基于不同理论提出关系行为的驱动因素外，学者们根据不同领域特点，提出了不同的驱动和影响因素，如在渠道关系管理方面，寿志钢（2008）认为零售商的能力与友善在供应商的关系行为决策中起着重要作用，结果显示尽管零售商的能力会促进供应商对零售商的关系行为，但是具有能力而缺乏友善的零售商难以得到供应商的更多支持。此外，Ketkar et al. （2012）对比了美国和巴西不同的文化（个体主义与集体主义）对关系行为和买方市场绩效的影响，结果显示个体主义对供应商生产过程的参与起负向作用。而在公共服务采购领域，Grudinschi et al. （2014）认为关系风险影响关系行为和合作流畅（collaborative fluency）。

综上所述，关系行为是市场营销、渠道关系和供应链关系等领域中重要研究主题。从目前关系行为驱动因素的研究中不难看出，尽管现有研究从多种不同的理论（如交易成本理论）和视角（如卖方视角或者买方视角）分析了关系行为的驱动因素，但仍比较零散，尚未形成一套完整的理论分析框架，而且不同领域的驱动因素既有共性也有差异，因此，需结合不同情境揭示关系行为的驱动因素。

（3）关系行为产生的效果

绩效是所有商业活动的最终指向。如果仅从一次性交易角度看待商业关系，买方从交易中获得的绩效可以简单认为是买方从产品或服务得到的使用价值减去直接购买成本，买方对交易绩效的影响仅在于利用其讨价还价能力以较低价格购买最能满足自身需要的产品和服务。然而，从长期关系角度来看，作为价值的共同创造者和商业关系的管理者，买方对商业关系的绩效能够施加更为广泛的影响，商业关系绩效在很大程度上取决于买方在与卖方互动中表现出的行为。这一影响将体现在两个方面：第一，这些行为会影响买方从产品或服务中获得的使用价值，例如在服务业中，服务传递效果在很大程度上取决于买方的行为；第二，买方的行为还会对商业交换涉及的诸多成本产生影响，例如谈判成本、签约成本等交易成本。

从供应链关系管理相关文献可知，关系行为普遍能带来效率提高和价值提升。例如，Noordewier 等（1990）研究了企业对供应商的灵活性、协助供应商、与供应商信息共享等关系行为对企业采购绩效（成本最小）的作用；Zajac et al.（1993）对比应用交易价值理论和交易成本理论，探讨初步交流与协商、信息交换和联合等企业间关系行为对企业所创造交易价值的影响；Zhao et al.（2002）研究在需求不确定的情况下，信息共享、供应链协调运作等供应链企业间的关系行为对供应链绩效（供应商服务水平、企业运营成本、企业客户服务水平）的影响；Nielson et al.（1998）探讨业务合作、信息共享等关系行为对交易伙伴建立"亲密"合作关系及企业利益（订单量、市场份额、利润率）的影响；Griffith et al.（2006）采用社会交换理论研究发现供应链关系管理中分销商长期导向的关系态度与关系行为对减少与供应商的冲突、增加合作满意度以及提高分销商绩效有显著作用；Paulraj et al.（2008）提出沟通行为能同时促进买方和卖方绩效。相关文献如表2-2所示。

表2-2　　关系行为对供应链管理绩效影响的文献总结

文　献	关系行为的维度	关系行为效果
Crosby et al.（1990）	合作意向、双方信息披露、加强联系	销售额
Noordewier et al.（1990）	供应商灵活性、协助供应商、供应商信息共享	采购绩效：成本最小
Zajacet al.（1993）	初步交流与协商、信息交换、联合	创造价值
Labahn & Harich（1997）	增加交流、减少冲突	关系绩效
Nielsonet al.（1998）	业务合作、信息共享	供应商的伙伴利益
Hewett et al.（2001）	依从、合作	财务绩效
Zhao et al.（2002）	信息共享、供应链协调运作	采购绩效

在其他领域，学者亦关注了关系行为对绩效的影响。在我国台湾地区旅游行业，Tsaur et al.（2006）通过实证得出旅游批发商的关系行为对批发商与零售商的关系质量有正向促进作用，并能提高零售商的忠诚度和批发商的市场份额，且关系长度和产品的重要性对以上关系有正向调节作用。在新产品开发领域中，

Yan & Dooley（2013）探究了沟通和目标一致性等关系行为对产品设计质量和设计效率的影响，以及任务不确定和关系的不确定性的调节作用。在战略合作联盟中，Sarkar et al.（2001）认为组织的多样性和互补性将影响关系资本，进而影响项目绩效和战略合作联盟绩效。在信息技术项目中，Müller & Martinsuo（2015）认为关系行为有利于项目成功，且项目治理在两者关系中起到调节作用。

尽管诸多研究均分析了关系行为对绩效的影响，但结果仍不清晰。部分研究者持积极观点，认为关系行为能促进绩效（Bercovitz et al.，2006），也有部分研究者认为两者之间并没有显著关系（Lusch & Brown，1996）。Zhou et al.（2014）研究认为制造商和供应商之间的关系与绩效并不是直线关系，而是倒 U 形关系，而且受合同明确性和竞争程度的影响。随着研究方法和视角的多元化，有学者开始关注关系行为的动态效果。如 Hoppner & Griffith（2011）采用纵向研究探讨了互惠性（reciprocity）对关系行为与财务绩效之间关系的调节作用，并指出交换物和交换时点决定了两者关系，当两者的交换物是异质且是短期互惠时，关系行为能显著提高绩效。Vanpoucke（2014）调研了关系的动态过程，发现了引起关系变化的"触发器"，并识别了长期组织间关系管理的有效管理实践。

除了绩效，学者们也关注了关系行为产生的其他效果，例如，Cai et al.（2009）对买卖双方的关系治理机制研究发现，关系行为可促进供应商绩效和买方承诺，且供应商绩效对买方承诺有积极影响。Yaqub（2013）认为关系行为能驱动关系质量和绩效，Zhang et al.（2003）研究了制造商遵守关系行为对其出口交易竞争力的影响。从交易成本理论的视角来看，关系行为被认为有利于降低机会主义行为和交易成本。Liu et al.（2009）提出关系行为有利于提高关系绩效和限制机会主义行为。在渠道关系管理中，Kim（2007）研究显示关系行为能减少交易成本。在 B2B 商业关系中，严兴全等（2011）分别从买方和卖方视角分析关系行为对营销关系绩效带来的影响，结果表明信任不能显著降低机会主义行为，卖方在交换关系中表现出的合作、灵活性有利于提高营销绩效。结合交易成本理论和制度理论，邹国庆（2010）从合法性和交易费用两个视角考察组织间关系行为对企业绩效的作用机制，实证研究表明：政企间关系能够通过增强合法性和降低交易费用两条路径来提高企业绩效；企业间关系对企业绩效的影响主要依赖于交易费用的传递，通过增强合法性来提高企业绩效的作用效果并不显著；此外，政企间关系能够完全通过合法性来影响企业间关系的形成和发展。

从关系行为效果的相关研究不难看出，目前大部分研究认为关系行为有利于提高交易方的绩效和关系质量，并能减少机会主义行为和交易成本，但对这些效果之间的相互关系还缺乏清晰的认识，且尚不清楚这些效果是否适应于重大工程领域。

2.2 重大工程组织间关系管理和治理相关研究综述

2.2.1 重大工程组织间关系复杂性

重大工程是一个复杂系统，它不能被一个组织用有限的能力和信息来单独完成，而是被多个异质项目利益相关者组成一个临时性组织，通过紧密合作来完成。重大工程的复杂性不仅来源于项目的规模，更在于各要素之间的相互依赖，这将产生对项目信息和协调的极大需要，而且项目团队和任务的异质性大大增加了协调的工作量和相互依赖性。因此，重大工程组织间关系复杂性的根源是重大工程的复杂性。根据系统方法论，重大工程的复杂性特征描述如下。

(1) 重大工程利益相关者角色多样性

重大工程组织由多个不同的利益相关者组成，包括政府、业主、施工、设计、监理、项目管理咨询、勘察、供货、拆迁、金融、运营、社会公众等。它们在项目全寿命周期内参与或影响项目实施（Flyvbjerg et al.，2014）。不同角色的利益相关者之间建立和维护长期合作是重大工程项目管理的关键要素。另外，由于专业背景和承担角色的不同，它们的行为具有差异化特征，其价值诉求也往往因角色的不同而存在较大的差异，甚至超出了传统的项目边界（盛昭瀚等，2009）。

(2) 重大工程的跨组织社会网络特性

重大工程所有参建方共同构成的项目组织是一个开放的复杂跨组织社会网络系统。有别于永久企业组织，重大工程本身是这个跨组织网络的核心载体，且具有公共物品属性（Flyvbjerg et al.，2014）。因此，重大工程的成功是以网络中所有参建方实现价值诉求为前提。而这类项目未来可预见的价值比项目本身更能驱动参建方的积极性。重大工程突出的外部环境嵌入性，复杂的跨组织网络边界开放性，管理层级与角色边界的模糊性，以及存在大量的非正式跨组织协调工作，整体上使得重大工程形成一个跨组织多元多关系网络。

(3) 重大工程的高度不确定性

目前，重大工程投资规模增大、建设周期长、参建方众多等，这些因素在复杂的相互关联关系中相互影响，从而造成不可预测的结果（Alojairi & Safayeni，2012），即重大工程的不确定性。重大工程不确定性产生的原因有两个方面：一是项目建设和管理过程中广泛存在的不确定；二是由于重大工程系统的开放性，项目建设过程中面临自然和社会环境的不确定性。重大工程实施过程具有鲜明的阶段性，工程不同阶段面临的环境波动、阶段目标和挑战各不相同，体现出更强的动态变化特征。在高度不确定性情况下，参建方之间相互的支持和协同是影响合作质量的关键因素。

基于上述认识，我们可以将重大工程视为一个复合的、动态的、开放的复杂系统。Pauget & Wald（2013）指出重大工程建设项目表现出网络关联性，项目成员之间的协作及关系管理是一项重要的研究内容；Senescu（2013）分析了工程复杂性与沟通之间的关系，深化了工程复杂性与工程管理关系的认识。从利益相关者的角度分析，Ward & Chapman（2008）认为利益相关者是重大工程不确定性的主要来源，如利益相关者的索赔和相互关系均带来了项目的不确定性。相对于规模较小的项目，重大工程涉及更多的利益相关者，因而导致了更大与之相关的不确定性和风险。此外，重大工程的项目经理在处理利益相关者之间的索赔问题和维持它们之间良好关系问题上遇到了极大的障碍，因此急需对利益相关者关系管理进行积极探索。

2.2.2 重大工程组织间关系管理

鉴于重大工程组织间关系的复杂性和重要性，越来越多的学者开始开展项目管理领域关系管理相关研究（Williams，2015）。关系管理并不是一个新的概念，它是借鉴关系营销领域的概念和方法，是理解、定义和支持通过提供和使用知识和服务的一系列组织间活动的正式方法（Zou et al.，2014）。它涵盖的范围很广，在建设项目中，它包含了关系合同、项目联盟和整体项目交付等不同的形式，甚至包括社会资本的相关研究。Smyth（2008）认为关系管理区别于关系合同，前者依赖于文化、系统以及程序，甚至包括制定行为实施准则，因此其范围超出了特定治理模式（如关系合同），如此，应当从关系合同采纳转向组织间关系管理。关系管理通过项目中人与人、人与组织、组织与组织之间的一系列关系的运作和管理，实现项目目标，并提高业主满意度（Pryke & Smyth，2012）。

Smyth & Edkins（2007）强调了关系管理在建筑业中的重要性，他们认为关系管理包括了对关系的分析和投资。关系管理涉及不同的组织，如顾客、供应商、伙伴、雇员等。因此，为了提高项目管理价值，应该发展一系列复杂的策略和流程来提高项目参建方之间的关系质量。为此，Smyth & Edkins（2007）提出了一个关系管理评估框架，并建议采取主动关系管理。在过去的十年里，关系管理作为一种能够在项目各参建方之间培养出相互信任和提高项目绩效的方式得到了普遍的认可（Smyth & Pryke，2012）。在一个需要广泛合作的环境中，良好的关系管理被认为是项目成功的一部分。

在工程建设领域，目前对关系管理的研究比较丰富，包括关键成功因素识别、关系指数测度、参建方关系能力评估以及关系管理对项目绩效和创新的影响分析等（Keast & Hampson，2007；Jin，2007）（见表2-3）。Meng（2012）从建设项目供应链的角度分析了关系管理，供应链中业主是买方，施工单位是最主要的供应商，业主与施工单位的关系属于供应链上游，同时施工单位与专业分包单位关系属于供应链下游。目前较多研究关注了业主与施工单位之间的关系管理（Eriksson，2008），也有一部分研究关注施工单位与专业分包，或者施工单位与设计单位之间的关系管理。

表2-3　　工程建设领域关系管理的关键成功要素综述

关键成功因素	文献来源
高层管理者之间的承诺	Zhang（2005）；Tailby（2004）
多专业集成的关系管理团队	Kumaraswamy et al.（2010）；Meng（2012）
明确的关系管理目标	Mentzer et al.（2001）；Anvuur & Kumaraswamy（2015）
关系管理收益的识别	Mentzer et al.（2001）；Kumaraswamy et al.（2010）
有利于关系管理的集成信息系统	Chen & Popovich（2003）；Meng（2010）
有效的交流渠道	Kumaraswamy et al.（2005）；Meng（2012）

在全球重大工程兴起的大背景下，关系管理在重大工程项目管理中所发挥

的作用比在一般工程管理中更为重要。这可能有两个原因，第一，重大工程任务周期长并且有极高不确定性，研究表明关系管理在不确定性较高的环境中发挥着更为重要的作用。第二，中国比西方社会更关注社会联系，在我国重大工程项目中，关系管理是一个不能被忽略的核心问题。Chen（2004）提出的中西方文化差异如表2-4所示。

表2-4　　　　　　　　　中西方文化差异

中国文化	西方文化
集体主义	个体主义
权利距离大	权利距离小
规避不确定性	不规避不确定性
长期导向	短期导向
外向导向	内向导向
关系（guanxi）	合同
保守主义	自治主义

资料来源：Chen（2004）。

2.2.3　重大工程组织间关系的治理

　　类似于囚徒困境，重大工程的项目参建方常常面临着"社会困境"（social dilemma），即选择集体理性（collective rationality）还是个体理性（individual rationality）的两难处境（Zeng & Chen，2003）。集体理性主要强调合作、团队以及参建方之间的共同作用，它能提高资源的使用效率、克服团队间冲突，进而提高项目参建方的团队合作。尽管如此，项目参建方仍然有选择个体理性的内在动力，因为项目参建方意识到个体理性可以通过牺牲其他方的利益而为自身带来好处。一般项目参建方采取个体理性有两种方式：一种是由于参建方有较少的讨价还价能力，这将使其进行专有投资时遭遇其他方的机会主义行为，从而面临被"敲竹杠"（holdup）的风险。由于担心这些风险，参建方会减少专有资产投入。另一种个体理性的方式是参建方学习其他方的知识和技能，再将这些知识和技能应用到其他交易中，这将使其他方面临知识和信息泄露的风险。为了避免面临这些风险，其他方会保留专有信息并减少对重大工程的投入。个体理性选择方式下的合作是为了获取短期利益，这将破坏组织间长期关系的形成。不同的目标、模糊的合同条款、短视的机会主义行为、不同的操作惯例以及不可预期的市场变化被认为是导致组织间冲突的内生因素，需要采取有效的治理措施（Jap & Ganesan，2000）。

项目治理在20世纪80年代提出，与传统强调从技术方法出发对项目进行管理不同，项目治理强调管理的合作原则，侧重对项目管理制度进行探索，使所有项目参建方都能贡献其特有的知识和技能。项目治理考虑了人性及文化在此过程中的作用和影响，通过治理，项目业主、投资者和建设施工方共同合作、获利和风险分摊。项目治理是规范组织间相互作用的正式和非正式的规则，它对委托方（政府部门或项目业主）和受托方（承包方和咨询方等）的关系发展和稳定至关重要。项目治理规定了项目目标，并制定了达到这些目标以及监控项目绩效的方式，针对业主、承包商以及其他项目参建方提出了约束双方行为的机制，从而确保共同目标的实现。对项目治理的研究分成两类，第一类研究关注业主和有权力的利益相关者，如政府部门，如何实现重大工程的外部治理，这类研究强调重大工程战略上的复杂性和高度的自治会给重大工程带来诸多的风险。第二类研究强调重大工程内部治理的重要性，它们一方面关注传统项目管理技术的重要性，如计划和风险管理；另一方面关注项目管理外的额外治理手段，包括促进目标一致性、信息共享以及问题解决的方式。实质上，内部治理阐明了重大工程业主如何在项目高度不确定性和不可预期下，让众多项目参建方为实现共同目标而高效工作，最终实现项目交付。由于本书的研究主要关注重大工程参建方的关系行为，因此，将聚焦于第二类项目治理，探索两类重要的治理机制——合同治理和关系治理——对重大工程组织间关系行为的影响，它们分别代表了组织间关系治理的正式治理机制和非正式治理机制（Jap & Ganesan，2000；Heide & John，1992）。

早期项目治理的研究将项目组织视为完全正式的、稳定的指令关系，强调正式的契约治理，忽视了非正式契约的作用。随着研究的深入，一些学者开始意识到项目根植于现实的社会环境，将更广泛地受到交易环境和社会环境的影响，这与关系契约理论将各种交易置于社会与关系的背景中来考察的思想不谋而合。例如，Consoli（2006）提出PPP项目各参建方之间摩擦性的关系影响项目管理绩效，而这些摩擦性关系则源于各参建方不同的利益诉求、理念以及不合理的契约安排。Smyth & Edkins（2007）通过分析PPP项目利益相关方的行为，也发现各方之间缺乏信任，应采取积极的关系治理机制。这些研究表明，重大工程关系治理机制是影响项目管理绩效的重要因素之一。因此，完整的重大工程项目治理机制应当是涵盖正式契约和关系契约的二维治理分析框架，通过不同治理机制的均衡作用提升项目治理水平，从而实现项目成功。正式的契约治理要求责权利统一，反映了有限理性约束下对机会主义的克服，包括合同约束、规章、规程、监督等；关系治理则基于信任，通过共同规范、联合行动发挥降低交易费用和减少交易风险的作用。

实际上，从治理结构的角度来看，项目治理是垂直治理与水平治理的集合体：垂直治理反映了"政府委托人—项目管理方—项目承包方"的委托代理关系，应以交易成本和委托代理的解释逻辑为主；水平治理反映了项目各参建方之间的合作关系，以合作竞争的解释逻辑为主。相应地，垂直治理更强调正式的契约治理，旨在防止机会主义行为，解决代理问题；水平治理更强调非正式的关系治理，旨在创造和谐的合作氛围并建立良好的合作关系。现有研究对契约治理机制的过分偏重反映出对项目水平治理的关注不足，一味强调对代理人的激励和约束，却没有对项目各参建方建立良好的合作关系给予足够的重视，这将极大地影响项目治理效果。

2.3　理论基础

2.3.1　计划行为理论

计划行为理论（theory of planned behavior，TPB）是从期望价值理论和信息加工理论的视角，以多属性态度理论（theory of multiattribute attitude）为基础来解释个体行为决策的理论。多属性态度理论认为行为意愿（intention）受行为态度（attitude）支配，行为态度则由预期的行为结果和结果评估支配。在多属性态度理论基础上，Ajzen & Fishbein（1975）提出的理性行为理论（theory of reasoned action，TRA）认为行为由行为意愿决定，行为意愿进一步受行为态度和主观规范（subjective norm）的影响。但是，TRA 是基于意愿控制个体行为这一假设，这在一定程度上限制了理论的进一步发展。因此，Ajzen（1991）在 TRA 基础上加入了感知行为控制变量（perceived behavior control，PBC），并提出了计划行为理论 TPB，从而扩大了 TRA 的使用范围，Madden et al.（1992）通过对比发现 TPB 对行为的预测及解释能力均强于 TRA。

在过去的几十年里，TPB 被广泛用于预测个人的意愿和行为，主要的预测因素包括行为态度、主观规范和感知行为控制。具体而言，意愿表示一个人以某种方式行事的可能性（Ajzen，1991）。计划行为理论认为预测行为的最好方法是个人的行为意愿，即个人从事某种行为的主观概率。行为和行为意图之间具有高度相关性，个人对某种行为的意愿越强，表示实施该行为的概率越大。态度描述了个人对行为的积极或消极的观点和评价（Ajzen，1991），由行为信念和结果评价共同决定。主观规范表明个人感受到特定参考团体对于个人是否采取行为的压力，主观规范和其受到的社会压力成正相关，其行为意图随着其受到社会压力或依从意愿的增加而增大。感知行为控制代表个人的能力、资源和机会对执行某种行为的可能性，当个人感知到能控制行为的发生，他们的行为意愿会增加。计划行为理论认为感知行为控制条件制约着行为；在充分的控制条件下，行为态度、主观规范和感知行为控制三个主要变量通过行为意愿的中介作用共同决定着行为的产生。Ajzen（1991）提出的 TPB 模型如图 2 - 1 所示。

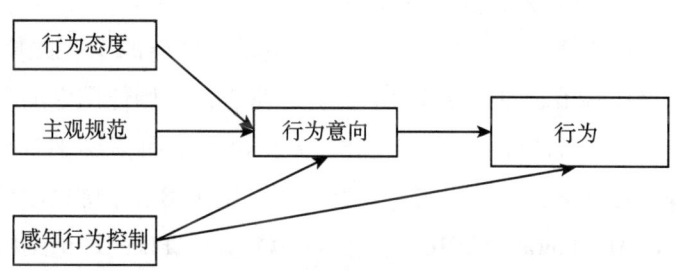

图 2 - 1　Ajzen（1991）计划行为理论模型

（1）计划行为理论的应用和发展

目前，TPB 已经成为理解、预测和改变人类行为最具影响力的理论之一，并已在众多领域中采用，如环境和可持续发展领域（Swaim et al.，2014）、创新技术采纳领域（Al - Debei et al.，2013）、健康科学领域（Gallagher & Updegraff，2012）等，且大多数研究结果支持计划行为理论。Armitage & Conner（2001）的元分析研究结果表明行为态度、主观规范和感知行为控制对行为方差解释率为 27%，对行为意愿方差解释率为 39%，进一步证明了计划行为理论具有良好的解释力和预测力。

尽管 TPB 在提出后的 30 多年时间里得到诸多研究者的肯定，但是也有不少学者对该理论提出了质疑并进行修正，促进了该理论的完善和发展。部分学者认为 TPB 过于强调态度的工具成分，忽视了情感部分，因此将两种态度都进行测量。Bamberg & Ajzen（2003）通过分析发现过去行为经验与行为意向以及行为存在直接关系。Rivis & Sheeran（2003）研究发现，将示范性规范引入主观规范对行为意向的关系研究后，明显提高了理论的解释力。感知行为控制是在 TRA 基础上新增加的变量，是 TPB 理论中最受争议的一个概念。近年来众多学者通过研究发现感知行为控制的测量项目分别负载在两个因素上，分别反映内部控制信念和外部控制信念。此外，TPB 模型逐步与其他理论进行结合以提高对行为的预测率。如 Yoon（2011）结合 TPB 和伦理理论预测盗版行为。也有学者关注 TPB 中预测因素的前置信念因素（belief），如 Bulgurcu et al.（2010）研究了遵守信息安全政策的态度是由感知到遵守可以产生的收益和成本，以及不遵守引起的成本所决定的。

（2）计划行为理论在组织行为上的应用

尽管 TPB 最初提出是用于预测个人行为，但目前已扩展到理解组织行为。例如，Koropp et al.（2014）采用 TPB 来研究家族企业的财务选择；而 Dodor & Rana（2009）应用 TPB 来研究学校提供网上教学的意愿。当 TPB 用以解释组织行为时，每个组织代表一个独立的实体，无论是管理层的个人或集体决策均代表了组织行为（Gavetti et al.，2012）。因此，学者们开始使用更加广义的词来描述研究主体，如行为者（actor）和实体（entity），从而拓展 TPB 的应用范畴。目前，在工程建设领域，一些学者也开始试图采用 TPB 来预测组织意图和行为。例如，Aibinu & Al – Lawati（2010）开发了一种基于 TPB 的理论结构模型，以确定驱动施工单位产生参与电子投标意向的关键因素。Cheng（2016）采用 TPB 模式对合作伙伴模式（partnering）的采纳意愿进行了实证研究，结果表明感知的收益对业主态度产生积极作用，且业主态度能促进其采用合作伙伴模式的意愿。此外，TPB 还被用于对建筑行业的参建方替代性争议解决（alternative dispute resolution）相关研究进行文献综述，指明了当前研究不足和未来研究方向（Lee et al.，2016）。从以上文献综述可知，TPB 在建筑行业的应用尚存于探索阶段。

2.3.2 契约治理相关理论

契约治理，也称为"正式合同""法律合同""明确的合同""法律保障"

（Zhou & Poppo，2010）等。基于交易成本理论（transaction cost theory），合同治理来源于经济合理性，并通过监督和奖惩来约束组织间关系。清楚且详细的合同被认为是保护项目参建方免受机会主义行为影响的主要手段，它通过正式的规则、条款和程序来规定双方的权利和责任，这些责任和条款明确规定了双方行为的合法性并对一致同意的条款给出了很小的变化空间。合同还规定了未来的各种情况该如何应对，Williamson（1975）认为一个可靠的合同应该是有远见的，通过预见可能的危险并制定危险防范措施从而实现共同收益。合同的目的是促进交流和预防机会主义，降低合作过程中的道德风险，保护各方的专有知识。它可以降低各方纯粹追求个体利益的可能性来预防事后履约问题（expost performance problems）。此外，一个完整的合同减少了组织决策者面临的不确定性，反之，不完整的合同可能会引起歧义，造成组织间责任推诿和转移，引发冲突并降低协调、利用资源和实施战略的能力。现有文献认为合同治理机制不仅减少了关系交换过程中的风险和环境不确定性（Poppo & Zenger，2002），并促进了双方承诺的建立，采用法律手段对违法合同的行为进行制裁。尽管合同不能完全消除参建方的机会主义行为，但是委托方和受托方可能通过更加完整的合同条款来减少相互的机会主义行为。因此，合同治理在协调组织间关系和提高组织间相互适应性方面起着重要作用（Malhotra & Lumineau，2011）。

过去的大部分研究将合同治理作为一个一维构念来研究，更多地关注合同治理的控制作用和合同条款的明确性，而忽视了合同结构的复杂性或合同内容的差异。近些年的研究开始关注合同的不同方面对组织间关系绩效的影响。例如，Malhotra & Lumineau（2011）区分了合同的控制（control）和协调（coordination）维度。关于合同治理对冲突影响的不一致的实证结果是由于存在不同类型的合同内容，它们对组织行为产生不同作用。Luo（2002）提出合同完整性是一个多维度的概念，应包括"条款的明确性"（term specificity）和"条款的适应性"（contingency adaptability）。而本书采用 Luo（2002）的合同内容划分方式分析不同合同机制对参建方关系行为的影响。

以前的研究对合同完整性即"条款的明确性"的作用有较大争议。由于经济主体的有限理性，合约双方无法考虑所有的不可预见情形而制定出完整的合同。当任务的某些要素无法明确，制定不完整的合同是最佳选择。相反地，合同完整性减少了管理者的角色歧义和角色冲突，从而提高了它们的绩效。类似地，合同的完整性可以控制机会主义和促进重大工程的信息流，从而保护其他方的战略资源并降低运营和投资的不确定性。因此，合同治理可以分为僵化和严格的合同，以及允许变化和调整的灵活合同（Yang et al., 2012）。

重大项目周期长，参建方之间依赖性高且具有极大的情境不确定性，并涉及高度复杂的产品交付，因而会产生极高的协调成本和款项拨付问题。最优的合同完整性需要实现机会主义行为的减少和参建方合作过程适应性的提高。在重大工程高度不确定的情境下，项目参建方有限的理性、信息不对称和较高的执行成本更需要强调合同的适应性。在合同中，"条款的适应性"通常描述合同双方相互明确的容忍区域或者规定了处理冲突和意外情况的原则、指南和可能的解决方案（Goo et al., 2009）。在实践中，这些指南或可能的解决方案可以是独立条款（例如，处理重大变更的程序或处理不可抗力的方案）或相关条款的一部分（例如，如何处理政府政策变动和资源市场价格变动）。

合同条款的明确性涉及条款的详细程度，而条款的适应性则波及如何处理应对未来的意外情况。这两个维度代表了合同完整性的不同方面，交易过程既需要条款的明确性来限制机会主义行为，同时需要对不确定性情境进行说明以确保合同的适应性，相对完整的合同需同时具有合同条款明确性和适应性（Luo, 2002）。对重大工程而言，这两个维度的分配取决于交易的需要，它是由交易的特征（例如，交易的复杂性、技术的难度、知识的专有性和组织依赖性）和制度环境（如法律制度的完整性、监管的严格性以及经济环境波动性）所决定的（Goo et al., 2009）。本书暂不考虑这些因素对合同治理的影响，而主要考虑合同治理对组织间关系行为的影响。

2.3.3 关系治理相关理论

关系治理也称为"关系机制"或"社会控制"（Li et al., 2010），是指组织间关系受社会关系（social relations）和共同规范（shared norms）约束的程度（Poppo et al., 2008）。它的概念起源于美国法学家 Macneil（1980）所提出的关系契约理论（relational contract theory），它指由未来契约关系的价值所维持的非正式安排，是一种长期契约和隐含契约，并具有动态性和长期不断完善的特征。因此，不同于依赖于正式结构和第三方执法的合同治理，关系治理依赖于各方的非正式结构和自我执行。Macneil 关系治理的观点偏离了 Williamson（1975）对"关系"治理的经济性定义，Macneil 将其视为是处于市场和等级制度之间的中间治理模式,并认为这种治理模式是通过诸如可信的承诺等方式来减少机会主义行为。在本书中,我们遵循 Macneil 对关系治理的社会化概念而不是 Williamson 的经济论观点来分析关系治理对组织间关系行为的影响。在社会化概念中,关系治理通过信任和规范来减少风险,从而克服合同灵活性不足的问题。

契约（contract）是新制度经济学关注的核心问题。标准的契约理论或委托代理理论假设契约内容完全清晰,并可以被证实,法律执行有效。这是完全契约的理想状态,但是,现实中契约并非如此。由于标准契约理论与现实的冲突,学者们提出了一种新的契约理论——关系契约理论。关系契约并不对交易的所有内容作出具体详尽的规定,仅仅确定基本的目标和原则,过去、现在和预期未来契约方的个人关系在契约的长期安排中起着关键作用,最普遍使用的关系契约定义是：它是一种不仅仅涉及交换（exchange）,还涉及契约方关系（relationship）的契约。

关系契约理论提出后,在法学、经济学和管理学等领域均产生了较大反响。Williamson（1975）把关系契约引入交易成本理论,提出关系契约适用于解决由于专有性投资造成的签约后的机会主义行为。伴随着企业关系由竞争转向竞合,长期合作也使得企业越来越依赖于关系契约。相比于正式契约,关系契约具有诸多优点：第一,契约方比法院更容易监控行为;第二,与法院的有利行动与不利行动的两极判断不同,契约方的判断更为细微;第三,契约方可以根据法律不易观察的一些现象作出判断,并且关系契约可以随时间变化调整。

重大工程的合作并不仅仅是一定期限内的产权转移,而是一种典型的长期不完全契约,发生谈判的比率很高,需要较多的事后交易成本,对治理机制要求较高。因此,这个合作的过程必须由关系契约来约束。关系治理为项目参建方处理不可预知的问题和事件奠定了基础（Henisz et al., 2012）,它依赖于关系合同以及情感式参与,使项目参建方有意向相互合作并在面对突发事件时共同解决问题（Miller et al., 2001）。关系治理通常被用作非合同激励,旨在通过影响交易方的态度来实现风险的公平分配,并且与交易方的关系紧密相关（Hoetker & Mellewigt, 2009）。

尽管关系治理起源于关系契约理论,但亦有一些学者认为其理论基础是关系交换理论（relational exchange theory）或社会交换理论（social exchange theory）（Cao & Lumineau, 2015）,不同文献中写明的理论基础和关系治理维度见表2-5。关系交换理论同样来源于 Macneil（1980）,强调关系规范；而社会交换理论认为信任有利于稳定的社会关系（Palmatier et al., 2007）。关系治理认为经济活动嵌入在社会关系中并受社会交互作用的影响。关系治理被认为是非常有效的控制机会主义行为和促进合作行为的方式，原因是交易方在社会嵌入过程中形成了共同期望的行为标准，这种标准起到了一定的行为约束作用，有利于减少机会主义行为（Granovetter, 1985）。Poppo & Zenger（2002）认为关系治理不仅仅有利于提高组织间相互适应性和促进共同规划，而且使得项目参建方之间相互承诺，通过自我强化以抵御冲突。

表2-5 不同文献中关系治理的理论基础和维度

主要研究	理论基础	关系治理维度
Carson et al.（2006）	关系契约理论	信任
Gençtürk & Aulakh（2007）	关系契约理论	关系规范
Liu et al.（2009）	社会交换理论	信任和关系规范
Lui et al.（2009）	社会交换理论	信任
Han et al.（2011）	关系交换理论	关系治理
Zhao & Wang（2011）	关系交换理论	信任
Arranz & de Arroyabe（2012）	关系交换理论	信任和关系规范
Zhang & Zhou（2013）	关系交换理论	信任

在现有文献中，信任和关系规范是最经常被讨论的关系治理维度（Zhang & Zhou, 2013; Liu et al., 2009）。信任是指在有风险的交换过程中对合作者诚信、信誉和仁慈程度的信心，而关系规范是指组织间关系中各方的共同期望（Cannon et al., 2000; Heide & John, 1992）。在前面的综述中已经提到，关系行为发展于诸多关系规范，但是规范只是行为标准，并非行为本身，为了不让两种构念混淆，本书选取组织间信任来代表本书中的关系治理。

信任的概念来源于心理学，学术界对信任有大量的研究，且拓展到很多领域——伦理学、法学、社会学、经济学、管理学等。对信任的理解也因领域、角度和着眼点的不同而不尽相同。交易成本经济学家指出信任是应对交易方潜在的机会主义和只追求自身利益行为的保护机制（Williamson, 1985）。关系交换理论认为信任是一种社会嵌入现象，对形成和维持企业间关系发挥关键作用（Lado et al., 2008）。当组织间关系存在高度信任时，一方不会利用其他方的弱点去纯粹地谋取自身利益，而会考虑其他合作者的利益（Liu et al., 2009）。因此，信任可以减少机会主义，且被广泛认为是一项重要的治理机制（Liu et al.，2009；Poppo & Zenger，2002）。

虽然社会学家和经济学家均将风险与信任联系在一起，但根据信任是否可以计算而有所不同。在社会学理论中，信任是由于道德、友谊或亲属关系而与合作方保持忠诚，进而驱使合作，而非强制或为了物质上的自身利益。换言之，信任通过内在而非外在动机来影响合作方的行为。在 Williamson（1985）对人性的预设中，机会主义与有限理性是造成交易中会有交易成本的行为假设。然而，Granovetter（1985）却指出：人性中的善可以有效地遏制机会主义，在经济交易中双方对善意的期待会使交易中很多无法用制度与合同约束的行为仍顺利运行，因此减少了交易纠纷，增加了交易的满意度，甚至交易发生意外损失时都可能由双方共同承担。这种对善意的期待如果获得满足，就会促成更多的社会交换，维持组织间的长期关系。由于这种降低的风险感知，交易双方会更积极地协调组织间关系和共享资源。

人际关系中情感的成分常常无法与经济理性全然分开。一方面，面对风险固然会设计各种治理机制、预警机制以保障交易安全；另一方面，信任是一种心理的偏见，忽略风险的存在，而不需要制度设计以保障安全，这时交易另一方的善意至关重要，一个保持善意的合作者会在这些制度防护缺乏时仍不采取机会主义行为，如此，过多的合约、紧密的监督流程以及检查制度都变得多余，而无须浪费交易成本制定和执行这些制度。多数合约其实是不完整合约，而在交易过程中，即使一方有违反合约的行为，另一方也很少立刻付诸法律，而是采取私下解决的方式。因此，信任关系的建立可以成为治理结构的一部分，从而使交易成本降低。

然而，关系治理也面临较多限制。第一，需要大量的时间和成本来建立和维持信任，信任的成本不仅仅包括合作双方不利用机会主义行事的机会成本，还包括履行责任和义务的成本。第二，尽管参建方之间的信任是逐步建立的，但很容易被破坏，可以在很短的时间内迅速消失，而且一旦信任遭受破坏，重新建立需要很长的时间及成本。第三，受其模糊性的影响（Cannon et al.，2000），信任很容易被机会主义者利用（Uzzi，1997）。因此，信任是有边界的，如 Kumar（1996）所述，很少有全方位的信任关系，合作方可以选择在一些方面选择相信合作伙伴，但在另一方面则选择不相信。因此在交易过程中，合作方应该清楚哪些信息、技巧和技术需要保护而哪一些可以共享。在重大工程中，制定合理的信息和技术共享协议及对知识产权、技术商业秘密的保护协议，不仅可以保护公私双方的利益，而且能发展高度信任的机制、避免可能发生的冲突。

2.4　本章小结

本章对关系行为、重大工程组织间关系管理和治理进行了研究综述，并对计划行为理论、契约和关系治理相关理论进行了回顾和梳理。通过研究综述可以发现国内外学者已经对工程建设领域关系行为开展了一些有价值的研究，但是相关研究呈现出碎片化的状态，且尚未关注重大工程情境。此外，尽管重大工程组织间关系研究已经开始关注关系管理和关系治理，但是却忽视了它们产生的正式机制、策略和规范等对参建方关系行为的影响。因此，急需借鉴关系营销中相关理论成果，从系统的视角分析重大工程组织间关系行为的驱动规律和价值，并深刻反映我国国情特点。

本章对相关理论进展和研究现状的分析为后续章节的研究提供了理论基础。计划行为理论作为一种有效的社会心理学行为预测和驱动理论，有利于揭示参建方关系行为态度、意愿等因素对重大工程组织间关系行为的内部驱动作用。此外，契约治理和关系治理作为重大工程情境中最核心的治理机制，急需集成性地探讨两者对组织间关系行为的外部驱动作用。

第3章 研究设计与过程

3.1 研究概述

根据第1章的研究逻辑,本书主要采用质性研究方法对重大工程组织间关系行为的维度和表现形式进行系统分析;之后,分别对关系行为的驱动因素、治理机制及对项目绩效的影响研究采用实证研究方法。本书质性研究主要采用文献研究、文本分析以及半结构化访谈开展,而实证研究则主要采用问卷调研的方式获取研究数据。由于研究设计的严谨性、数据收集过程的合理性直接影响研究结果的可靠性,因此,本章主要分析研究问题的甄选及确定、问卷设计、数据收集、调研对象基本特征等内容及其实施步骤,目的在于清晰呈现整体研究思路与过程。

3.2 研究问题甄选

鉴于目前在重大工程中开展关系行为研究较少,本书选择有丰富实践经验的重大工程项目专家进行半结构化访谈,以此来对研究问题进行再次甄选和优化,以确保所选研究问题的重要性和实践意义。

3.2.1 重大工程组织间关系行为的专家访谈

　　由于关系行为是从关系营销研究领域引入的理论构念，重大工程领域实践人员对其并不熟悉，容易与中国的"拉关系"和腐败等事件相联系。因此，通过半结构的专家访谈的方式，通过向专家解释关系行为的具体含义，再征询实际重大工程中关系行为的表现形式和实际案例，进而请专家结合行业实践背景，判断当前所提研究问题的重要性和必要性，并提炼出适用于重大工程情境的关系行为关键研究问题。具体研究步骤如下：

　　首先，通过对关系行为相关文献梳理并结合重大工程情境，拟定初步的研究思路和内容，并经过3位博士生导师的意见修改最终形成如附录A所示的访谈提纲。

　　其次，基于同济大学复杂工程管理研究院的平台，于2015年10月至2016年1月期间向重大工程领域的诸多实践专家发出访谈邀约，最终对22位专家进行半结构化访谈，其中，11位来自业主及项目管理咨询单位，2位来自监理单位，2位来自设计单位，4位来自施工总承包单位，3位来自专业分包单位。调研专家所参与的项目包括了目前正在建设的诸多重大项目，如港珠澳大桥、深圳地铁9号线、深圳平安金融中心、武汉绿地中心、南宁东火车站和贵阳北火车站等，保证了研究问题的时效性。被访专家均有5~20年重大工程管理经验，被调研项目类型广泛，具体专家背景信息见表3-1。访谈内容包括以下两个方面的内容：

　　①请专家根据关系行为的理论含义对重大工程中的关系行为的表现形式进行事件举例，同时对概念的内涵提出意见；

　　②请专家对问题的设计和思路提出修改意见，具体研究问题包括重大工程中参建方的关系行为是否普遍，具体表现形式是怎样的？参建方采取关系行为的理由是什么？关系行为能带来哪些收益，并存在哪些风险？关系行为的实施过程是否受项目治理机制（合同条款完整性和信任机制）的影响，会带来怎样的影响？关系行为能否提高参建方绩效和重大工程项目绩效等，可能的原因是什么？

表 3-1 半结构化访谈专家背景信息

专家编号	工作单位	职务	年龄	建设行业工作年限	重大工程参与年限	参与重大工程
业主和项目管理咨询单位（代甲方）						
1	港珠澳大桥管理局	合约部部长	41~50岁	20	20	港珠澳大桥等
2	上海机场（集团）有限公司	工程部部长	31~40岁	10	10	浦东国际机场
3	武汉地铁集团有限公司	投资部经理	31~40岁	15	15	武汉轨道交通4号线
4	武汉市城市建投开发集团有限公司	合约部经理	41~50岁	18	12	武汉东湖隧道
5	上海科瑞真诚建设项目管理有限公司	董事长	>50岁	25	15	世博会园区建设、上海迪士尼度假区
6	上海西岸开发（集团）有限公司	工程部经理	41~50岁	17	12	西岸传媒港、长春西站综合交通枢纽
7	上海科瑞真诚建设项目管理有限公司	副总经理	31~40岁	10	5	南宁东火车站片区基础设施群体工程
8	上海科瑞真诚建设项目管理有限公司	项目经理	41~50岁	20	3	济南高新技术开发区群体项目管理、世博会园区建设
9	上海科瑞真诚建设项目管理有限公司	项目经理	31~40岁	10	5	上海迪士尼度假区
10	上海同济工程咨询有限公司	项目经理	31~40岁	13	5	上海迪士尼度假区、上海浦东中环线
11	上海科瑞真诚建设项目群管理有限公司	事业部总监	31~40岁	16	6	世博会园区建设、汽车设施项目群
监理单位						
12	上海市建设工程监理有限公司	合约部经理	31~40岁	14	9	深圳平安金融中心
13	上海市建设工程监理有限公司	副总经理	31~40岁	12	10	世博会英国馆、上海西岸传媒港

续表

专家编号	工作单位	职务	年龄	建设行业工作年限	重大工程参与年限	参与重大工程
设计单位						
14	中信建筑设计研究总院有限公司	设计总监	31~40岁	10	7	贵阳北火车站、南宁东火车站
15	中国市政工程中南设计研究总院有限公司	副总经理	41~50岁	20	16	武汉地铁7号线、武汉市欢乐大道
施工总承包单位						
16	上海建工一建集团有限公司	合约部部长	31~40岁	13	13	上海中心项目
17	中国建筑第三工程局有限公司	合约部部长	31~40岁	18	10	深圳市城市轨道交通9号线
18	中铁建设集团有限公司	副总经理	41~50岁	20	15	贵阳北火车站
19	中国建筑第三工程局有限公司	项目经理	31~40岁	12	7	武汉天河机场T3航站楼
专业分包单位						
20	中建钢构有限公司	项目经理	31~40岁	15	8	深圳平安金融中心
21	中建三局装饰有限公司	项目经理	41~50岁	22	15	南宁吴圩机场
22	中建钢构有限公司	项目经理	31~40岁	17	10	武汉绿地中心

3.2.2　访谈整理

专家认为当前关系行为的定义和其所包含的三个维度（团结、灵活性和信息共享）是对关系行为的一种特征性的抽象，而具体落实到重大工程情境中的表现形式可能是多样的，比如包括沟通、共同解决问题和相互支持和协调等，建议可以进一步细化。另外，针对关系行为的三个特征性维度，专家们也提出了所参与项目中的实践案例，并表示关系行为在建设项目实施的不同阶段都有体现，一般项目绩效比较好的项目关系行为更为普遍。

关于研究问题的选择与设计，专家指出对组织间关系行为的研究是有价值的，它是促进我国重大工程参建方关系质量、加强合作的一个重要体现，而且在重大工程这种高度不确定性和复杂性项目中这种行为关系更加重要。但是目前缺乏对该类行为的系统梳理，尤其对该行为现象产生原因、如何驱动，以及如何防范可能的行为异化等缺乏深入探讨。专家在回答研究问题的同时还提供了大量有价值的研究建议。以专家对合同治理对关系行为作用的表述为例（详见下文），这为第6章开展关系行为治理有较好的启发作用。

专家1表示："工程合同的特征是不完备，这在重大工程项目中表现得尤为突出。在项目实施的漫长周期内有很多变化，如果甲乙双方在合同签订时将合同条款订得非常细致和严密，反而会对甲乙双方推进项目是不利的。合约应给甲乙双方都留一些余地，如此在项目实施过程中，甲乙双方需要灵活地处理合同未约定的相关事宜。"有受访者（专家5、16、17）认为业主对合同参建方进行关系管理是对不完整契约关系的补充。组织间关系行为有助于建立良好的协同文化（专家3、10、11），解决跨组织的矛盾冲突以及文化差异（专家6），有助于达成项目利益最大化的共同目标。合同双方在平等合作的基础上，愿意为了项目群策群力解决问题，提高工作效率，从而提升项目绩效（专家8、22）。

3.2.3　研究问题优化

关于研究问题设计，被访专家在了解了每个研究问题的研究目的后，对其研究的必要性进行了认可，一方面结合重大工程实际情况提供了大量的实践素材，另一方面也对研究内容可能包含的变量提出了建议。

所有的受访者都认为设计方和施工方是业主最重要的关系行为对象，这与当前绝大部分仅仅研究业主对施工单位两者之间的关系管理文献有所不同。此外，大部分受访者认为设计的重要性排序在施工之前，一位受访者（专家7）认为"设计和施工很难比，都很重要，必须侧重于不同的方面"，有一位受访者（专家10）没有明确区分设计和施工的相对重要性。除了最重要的设计和施工，有六位受访者同时（专家3、6、16、17、18、19）提到了供应商（甲供材料和设备）和监理，但是其中专家20、21明确指出监理是"可有可无"或者"不重要"的。在四位同时认为供应商、专业分包商和监理应该作为业主关系管理对象的受访者（专家7、18、20、21）中，三位（专家18、20、21）都一致同意供应商的重要性大于监理，而仅有专家7认为监理比供应商重要。此外，专家5并未谈及供应商和监理，他认为项目管理咨询方比较重要。

专家认为，本研究应注重揭示关系行为与参建方属性及重大工程特征之间强烈关联。首先，对于重大工程参建方实施关系行为的内部驱动因素，应当关注关系行为可能带来的经济和社会、短期和长期、显性和隐形收益等。此外，参建方的经验、与其他方的熟悉程度以及项目整体文化或氛围亦会影响参建方关系行为；关于外部治理机制的驱动，专家们表示项目的不确定性程度以及中国的制度会对参建方的行为有重要影响，不确定性可能需要更多的相互信任，同时可能产生更多机会主义行为。其次，在我国参建方对信任的依赖可能高于对合同的依赖，这是需要本研究进行探索的一个部分。而对于关系行为对项目绩效的影响，专家并没有形成统一的见解，因为关系行为是一个需要消耗成本和时间的工作，是否最终有利于项目绩效提高需要进行严谨的论证，以下是专家部分论述的总结。

在受访者中，大多数专家明确指出，关系行为在重大工程项目中的研究很有必要；在上述强调参建方关系行为必要性的专家中，专家2、4、6、7谈到了关系行为对项目的绩效有很重要的影响；专家15、17、21对关系行为持中立态度，并且对于关系行为对项目绩效的影响没有明确表明态度。

鉴于上述专家建议，本书对初步提出的研究问题进行了修订，并将研究问题转化为研究内容，两者的对应关系见表3-2。

表 3-2　　　　　　研究问题与研究内容的对应关系

研究问题	研究内容	章节安排
重大工程中参建方的关系行为是否普遍，具体表现形式是怎样的？	关系行为的识别	第 4 章
参建方采取关系行为的理由是什么？关系行为能带来哪些收益，并存在哪些风险？	关系行为的内部驱动因素	第 5 章
关系行为的实施过程是否受项目治理机制（合同条款完整性和信任机制）的影响，会带来怎样的影响？	关系行为的外部驱动机制	第 6 章
关系行为能否提高参建方绩效和重大工程绩效，可能的原因是什么？	关系行为对项目绩效的影响	第 7 章

3.2.4　变量选择

基于本书在第 1 章拟定的研究思路和内容，结合专家对研究问题的回复，对每一个研究问题的研究变量进行优化和最终确定，建立如表 3-3 所示的研究内容与变量的选择结果，其中情境变量为实证研究时理论模型中的调节变量。

表 3-3　　　　　　　　研究变量选择结果

研究内容	自变量	因变量	情境变量
关系行为的识别	维度：团结、灵活性和信息交换； 表现形式：信息共享、沟通、灵活地处理问题、组织承诺、共同解决困难和遵守共同目标	—	—
关系行为的内部驱动因素	感知收益的态度 感知风险的态度 主观规范 感知行为控制 行为意愿	关系行为	参建方过去的合作经验 重大工程文化
关系行为的外部驱动机制	合同治理 关系治理	关系行为	重大工程不确定性
关系行为对项目绩效的影响	关系行为	参建方绩效 参建方机会主义行为 重大工程项目绩效	

3.3 问卷调研

3.3.1 问卷设计与变量测量

根据本书的研究方法设计,第5~7章的实证研究主要通过问卷调研的方式展开。借鉴以往研究的问卷设计方法和步骤(罗岚,2014;陈晓萍等,2008),在2015年10月至2016年3月期间,经过四个阶段,形成本书行业实地调研的问卷,具体过程见图3-1。

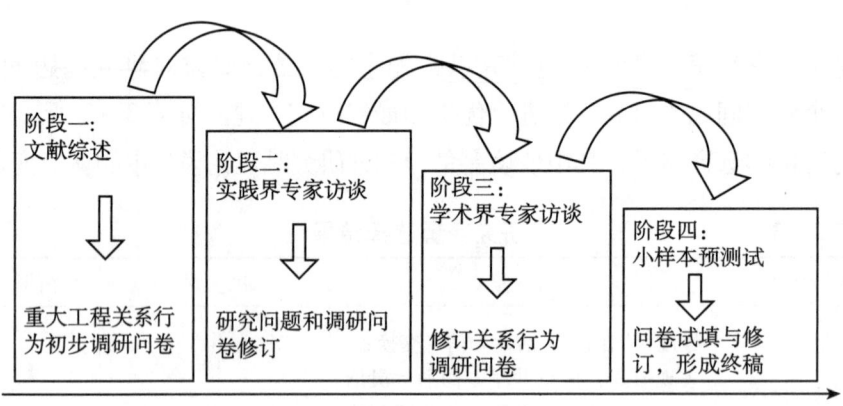

图3-1 问卷设计过程

阶段一:调研问卷的题项设计主要是基于关系行为相关研究成果,以及本书拟采用的理论,如计划行为理论、契约和关系治理相关研究,再根据重大工程情境进行相应的修改和调整,形成初步的调研问卷框架,各变量的测度题项主要来源于既有量表。

阶段二:对上述22位专家进行半结构化访谈后,邀请他们对初步调研问卷的内容提出建议,以此对研究问题和具体调研内容进行修订。

阶段三:邀请来自学术界的8位具备工程实践经验的教授或副教授对问卷题项逐一作答,然后向专家陈述问卷中研究变量的选择思路并征询专家的意见,以此对研究问题和变量选择进行修订,形成修订版的调研问卷。

阶段四:通过邮件方式对26名具有重大工程从业经验的行业实践人员(6名

来自业主、4名来自监理单位、7名来自设计单位、5名来自施工总承包单位、4名来自专业分包单位)进行预测试。基于预测试的反馈信息及其初步的数据分析结果,对问卷中的部分测试题项的表达方式进行了调整,尤其是会产生歧义的题项,删除了2个题项,并将2个题项进行了合并。经过上述修改,最终问卷详见附录B。

3.3.2 数据收集

为测度重大工程参建方实施关系行为的整体水平,验证内部驱动因素与外部治理机制对关系行为的驱动作用以及关系行为对重大工程项目绩效的影响,于2016年3—9月展开实地调研。本书的分析层次是在组织层面而非个人层面,即研究对象为重大工程的主要参建方,包括业主、监理单位、设计单位、施工总承包单位、专业分包单位及项目咨询单位。根据Smith et al.(1995)的观点,对组织或团队等高层次组织行为进行调研时,组织或团队行为可转换为可以代表组织或团队意志的管理者的行为,而这种采用"关键信息人"(key informants)作为信息来源的方式已经在以往组织间关系的相关研究中被广泛采用(Paulraj et al., 2008; Shiu et al., 2014)。因此,在本研究的调研过程中,对于每一类重大工程参建方,均从组织的管理者(如项目总监、项目经理或部门经理)收集问卷,由他们代表组织回答整体观点。

本研究采用滚雪球方式收集样本,最大限度地提高了合格受访者的数量。在调研初期,选择了不同地区的部分在建重大工程作为调研项目,包括上海迪士尼旅游度假区、上海西岸传媒港、深圳平安金融中心、武汉绿地中心、武汉天河机场、港珠澳大桥等项目,之后在其项目管理人员的帮助下对参与这些重大项目的大型企业的项目开展调研,例如,调研的施工企业包括中国建筑第三工程局有限公司、中国建筑第八工程局有限公司、中国中铁七局集团有限公司、上海建工集团第四建设公司、上海建工第七建设公司等。在问卷发放过程中,调查人员尽量选择来自不同地区、不同企业并参与不同项目的行业人员进行问卷发放,从而减少被调研项目发生重叠的可能性。调研对象的选择需满足两项评价标准方可被认定为合格:①曾参与或正在参与项目投资额超过10亿元人民币的大型工程(He et al., 2015);②在项目或所在公司担任管理职务。由于是采取滚雪球方式,因此每一位调查对象可能会再邀请其他可能符合调研条件的人员参与调研。在本研究团队其他成员及行业相关人员的协助下,本次问卷调研通过实地调研、电子邮件和网上问卷的方式共发放问卷约 884 份（通过电子邮件及各类网络社交平台发送在线调研邀请，在线调研网站为 www.sojump.com），回收问卷 352 份，回收率为 39.8%，属于组织行为学研究的正常回收率范畴（22.8%～49.4%）（Baruch，1999）。

3.3.3 数据样本分析

在本次问卷回收后，对各问卷的填写情况进行了初步审核，对回复中存在较多缺省数据或连续相同回答以及应答者不满足调研的两项标准的问卷均予以剔除。经剔除各类无效问卷后，共得到有效问卷 285 份，有效问卷所对应的样本的基本信息如表 3-4 和图 3-2 所示。285 位管理人员涉及港珠澳大桥、上海世博会园区建设、上海迪士尼旅游度假区、上海中心、武汉地铁、深圳地铁、贵阳北火车站、南宁东火车站片区基础设施工程项目群等在建或已建成的重大工程项目 193 个（在信息充分的情况下区分项目标段和分期）。项目清单见附录 C。

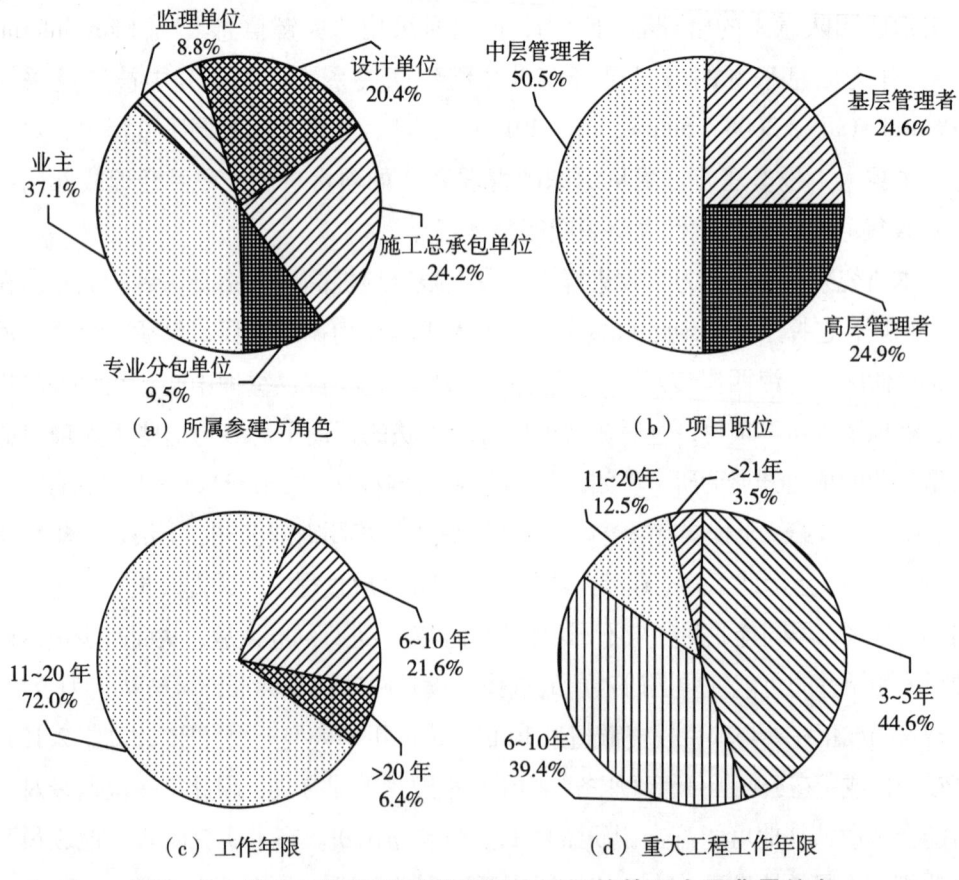

图 3-2 重大工程组织间关系行为调研的管理人员背景信息

表3-4　重大工程组织间关系行为调研项目的基本信息

变量	类别	数量	比例	变量	类别	数量	比例
投资规模	10亿~30亿元	70	36.4%	项目类型	交通枢纽	11	5.6%
	10亿~50亿元	65	33.6%		道路	18	9.3%
	>50亿元	58	30.0%		桥梁	9	4.7%
项目属性	政府投资项目	185	64.9%		隧道	13	6.8%
	私有项目	64	22.5%		铁路	3	1.4%
	公私合作项目	36	12.6%		高速	13	6.8%
地区分布	华北	11	5.7%		机场	5	2.8%
	东北	1	0.5%		摩天大楼	22	11.7%
	华东	105	54.4%		公共项目（如体育馆等）	96	50.0%
	中南	56	29.0%				
	西南	16	8.4%		其他	2	0.9%
	西北	4	2.0%	承发包模式	施工总承包	244	85.6%
项目级别	国家级五年规划项目	47	16.5%		设计—施工总承包（DB）	10	3.5%
	省级五年规划项目	202	70.9%		设计施工采购一体化（EPC）	12	4.2%
	所在地重大/重点项目	36	12.6%		其他	19	6.7%

从项目属性、项目类型可知，项目样本选择具有较好的多样性和代表性，但限于我国各地经济发展的不均衡性，54.4%的项目来自华东地区。此外，调研项目中85.6%采用的是施工总承包模式。由参与调研的285位项目管理人员的背景信息可知，大部分管理者具备11年以上的建设项目经验，3~5年的重大工程项目管理经验。参与调研的管理者分别来自业主、监理单位、设计单位、施工总承包单位、专业分包单位和项目管理咨询单位，其中业主数据最多，占37.1%，其次是施工总承包单位和设计单位，分别占24.2%和20.4%。

在285份有效问卷中，现场收集38.9%，其余38.3%和22.8%分别通过网络在线和电子邮件收集。通过单因素方差分析（ANOVA）对三种来源的问卷进行比较，发现三者在0.05的水平上无显著性差异。因此，来自三种不同来源的数据可以一并使用。

由于本次调研所收集的问卷数据均来自单一应答者，调研所获得的信息可能存在共同方法偏差问题（Podsakoff et al.，2003）。在研究过程中，主要通过问题重测及承诺问卷信息保密等程序方法减少共同方法偏差产生的可能性，在统计控制方法方面，Harman 单因素检验显示旋转前的单个主成分因子对所有测量指标的解释方差为 28.86%，并不存在单个因子可以解释所有测量指标的大部分方差的问题（<50%），表示共同方法偏差问题不会对问卷调研的数据质量产生显著影响（Podsakoff et al.，2003）。

3.4　本章小结

本章从研究问题的选择、研究变量的确定以及数据收集等方面阐述了研究设计与过程。其中，研究问题和变量选择经过文献综述和专家访谈两个环节，确保研究问题有可靠的理论基础和丰富的实践支撑。而数据的收集主要采用问卷调研的方式。问卷调研共经历了四个阶段，分别是文献综述、实践界专家访谈、学术界专家访谈及小样本预测试四个反复调整和修订的过程，从而确定了调研问卷终稿。数据收集过程在调研对象选择和筛选方面做了严格限制，从而保证了数据的有效性和可靠性。最后，本章对数据收集结果进行了特征分析。

第4章 重大工程组织间关系行为的识别

4.1 重大工程组织间关系行为的维度

根据第2章对关系行为的文献综述,本书将重大工程组织间关系行为(MIRB)界定为三个维度,分别是团结、灵活性和信息交换。并根据相关文献对这三个维度的描述和测度给出 MIRB 的维度定义,如表 4-1 所示。

表 4-1　　重大工程组织间关系行为的维度

MIRB 的维度	定　义	文献来源
团结	重大工程参建方在项目实施过程中为获得共同成果和维护组织间关系而采取的协调行为	Hewett & Bearden (2001); Morgan & Hunt (1994)
灵活性	重大工程参建方在面对变化的环境与形势时,根据其他参建方的需求和要求改变先前协定或惯例的行为	Cannon & Homburg (2001); Noordewier et al. (1990)
信息交换	重大工程参建方及时准确地向其他方传递关键信息的行为	Hoppner & Griffith (2011); Heide & John (1992)

通过第2章对工程建设领域关系行为的文献综述可知,MIRB 的三个维度均能有效提高组织间关系。Chen & Chen(2007)研究指出,参建方的目标和利益差异是导致冲突频繁的主要原因,组织间团结能促进各方共同识别问题和解决问题,从而实现项目关系质量的提升。对于信息交换,Cheung et al.(2013)认为重大工程开发过程涉及来自不同专业背景的大量项目团队之间的信息,及时的信息交换有利于项目参建方之间相互理解、公开交流和关系培育。有效的项目信息能使重大工程参建方清楚项目的准确进度并获得解决问题的相关知识(Ling et al.,2013)。信息交换的积极作用还体现在清楚冲突产生的原因从而有

效减少争端（Wong et al.，2005）。对于灵活性，建立良好的组织间关系还需要项目参建方采取灵活的方式处理重大工程实施过程中出现的各种无法预料的情形。由于最初的重大工程合同和计划不可避免地存在模糊和不完整之处，参建方在项目实施过程中面对出现的突发情况应当灵活处理，而不是过分依赖预先计划或者采取法律诉讼的方式。Wong et al.（2005）和 Ling et al.（2013）认为项目参建方通过灵活处理问题可以简化解决过程，快速有效地消除争议并维护好组织间关系。

由于关系行为并不属于传统的项目管理内容，在重大工程日常项目管理过程中缺乏文本记录，因此，本书通过公开资源收集重大工程中符合关系行为三个维度特征的行为事例，确保理论联系实践。为此，本研究选择了一系列我国代表性的重大工程项目作为事例收集对象，根据本书对重大工程组织间关系行为的定义，由一名博士生和一名硕士生通过公开资源收集这些项目中的关系行为事例，并汇总半结构化专家访谈中专家给出的关系行为事例，形成行为识别的事例集。实例收集的来源包括重大工程的纪实书籍、专题网页和新闻报道等，其中纪实报告书籍如表4-2所示。

表4-2　　　　　　事例收集来源：纪实报告书籍

编号	名称	著者	重大工程项目
1	《龙腾京沪：京沪高速铁路建设报告文学集》（上、下）	京沪高速铁路股份有限公司	京沪高铁
2	《青藏铁路19标段施工技术与研究》	周志东、周春清	青藏铁路
3	《巨变——洋山深水港》	彭高瑞	洋山深水港
4	《北京奥运志》	北京地方志	北京奥运工程
5	《北京奥运工程项目管理创新》	中国建筑业协会	北京奥运工程
6	《巨变——世博城》	田赛男	2010上海世博工程
7	《上海中心工程总承包管理》	上海建工	上海中心大厦
8	《巨变——虹桥综合交通枢纽》	周蓓	虹桥综合交通枢纽
9	《崛起的世博园》	上海市总工会，上海世博事务协调局	2010上海世博工程
10	《大型工程综合集成管理——苏通大桥工程管理理论的探索和思考》	盛昭瀚、游庆仲、陈国华、丁峰	苏通大桥

重大工程项目的官方网站、专题主页和新闻报道亦是重要的网络资料来源渠道。项目官方网站一般由工程的建设委员会、建设管理局等主办，公布与该工程项目相关通知公告、媒体报道、工程建设、社会环境影响、典型事件等所有信息，如"中国南水北调网"。由于重大工程往往也是参建企业重要的参与项目，得到企业内部的高度重视，因此参建企业也会有大量的建设报道、评论或专题，如通过三峡工程的主要施工单位葛洲坝公司的官网，可以搜到1277篇与三峡工程建设相关的文章。因此，主要参建方的企业官网亦是重要数据来源。重大工程竣工后，部分主流媒体会对该工程相关的新闻报道进行总结梳理，并附相关的评论综述等形成专题主页，如新浪网的"青藏铁路全新贯通"新闻专题。报纸等对重大工程建设过程的动态新闻报道、数据库中的报告文献等资料，尽管分布较为分散，但亦是本书数据收集的重要补充。

通过这些实例收集，一方面验证了专家认同的研究重大工程组织间关系行为的重要性，另一方面为关系行为测度指标的选取奠定了基础。最终关系行为各维度的测度指标与部分事例的对应关系如附录 D 所示。

4.2 重大工程组织间关系行为的具体表现形式

Rajamma et al.（2011）采用元分析方法总结 B2B 领域关系行为维度时认为关系行为普遍比较抽象，仅有信息交换维度相对具体。这与关系行为维度的来源有较大关系。目前，大多数学者认为关系行为是一个多维度构念，并普遍采用 Macneil（1980）提出的关系规范作为维度划分基础，但规范毕竟不是具体行为，而是行为的抽象特征，因此可根据研究情境对关系行为进一步具体化。

基于重大工程组织间关系行为的定义，本书梳理出了工程建设领域与 MIRB 相关的主要组织间行为，包括沟通、信息共享、灵活地处理问题、组织承诺、共同解决困难和遵守共同目标，具体文献来源见表 4-3。在重大工程实施过程中，参建方通过各类关系行为发展合作关系，利用资源或改进创新来增加组织间协作所创造的价值，从而共同实现项目目标（Meng, 2012; Anvuur & Kumaraswamy, 2015; Zou et al., 2014）。这六类关系行为的含义以及对组织间价值实现的关键作用分析如下。

表4-3　重大工程组织间关系行为6种表现形式的文献来源

文献 \ 关系行为	信息共享	沟通	灵活地处理问题	组织承诺	共同解决困难	遵守共同目标
Meng（2012）	√	√			√	√
Meng（2010）		√		√	√	√
Anvuur & Kumaraswamy（2015）			√			
Wang et al.（2015）		√			√	√
Buvik & Rolfsen（2015）	√		√			√
Zou et al.（2014）	√		√			
Uber & Runeson（1985）		√			√	√
Pinto et al.（2009）		√	√		√	√
Manu et al.（2015）		√		√		
Rahman & Kumaraswamy（2004）						
Ning & Ling（2013）	√	√				
Black et al.（2000）	√		√	√		√
Xu et al.（2005）			√			√

（1）沟通

在传统的建设合同中，承包商的信息基本都是不公开的，缺乏开放的沟通成为建设项目伙伴关系失败的主要原因之一。开放的沟通主要用于公开交流信息（Hong et al.，2011），有效的沟通有助于交流思想和观念，从而减少合作方之间的误解并进一步提升相互信任（Cheng et al.，2003）。同时，合作方之间的沟通应当是及时的，以达到合作所要求的一致性。需要指出的是，沟通的信息主要是指一方所需的专有信息和影响合作的关键信息。因此，经过良好的沟通可以实现信息的充分共享，降低信息的不对称及不完备，创造灵活性，减少或解决各方之间的冲突，从而有助于各方更有效地合作。

（2）信息共享

信息共享主要是指通过面对面会议、电话、传真、邮件和互联网等方式在参建方之间交换关键甚至专有性信息，它代表了参建方主动提供对对应方有用的信息的意愿。研究表明，参建方之间有效的信息共享是开展协调工作的关键。信息共享不足或虚假信息对参建方的合作不利。一个典型的例子就是"牛鞭效应"，即业主的需求略有变化，很可能导致施工单位和专业分包单位的返工

(Lee & Cavusgil, 2006)。此外，为了保持成功的合作关系，项目参建方之间的信息共享应该是频繁、双向、非正式和非强制性的。信息共享是实现合作价值的一个关键因素（Min et al., 2005）。组织间信息共享的质量也被认为是伙伴关系和联盟成功的关键。分享关键信息使企业能够了解彼此的惯例并开发解决冲突的机制，亦表明组织间可以相互信任。此外，研究表明信息共享减少了不确定性，提高了组织间的信任和承诺。

（3）灵活地处理问题

灵活地处理问题要求参建方在面对突发情形时具有适应能力，当各类变化发生时，参建方有权利放弃或推迟对合同的遵守或最初的合作决策（Xu et al., 2005）。灵活地处理问题一直被认为是项目成功的关键要素，尤其是对各类关系合同，如伙伴模式或战略合作联盟的成功实施至关重要。之前的研究表明，灵活地处理问题能促进合同双方之间的关系建立与发展，并克服交易障碍（Rahman & Kumaraswamy, 2004）。此外，灵活地处理问题对提高项目效率有显著作用，因为所有的项目都面临难于预测的风险，若参建方能采用灵活的方式，则可以快速处理突发情况并及时解决问题（Akintoye & Main, 2007）。另外，由于合同的不完整性，参建方必须在不明确的事件上作出妥协，这也使得灵活处理问题对加快问题处理速度并减少冲突有显著作用（Ning & Ling, 2013b）。

（4）组织承诺

组织承诺是指一方组织认为与另一方组织保持持续关系十分重要，因而以最大的努力去维护关系。从社会规范的意义上理解，承诺是交往的一种约束方式，是规范承诺双方行为的重要途径。在组织层面，承诺有态度和行为两种含义（Shiu et al., 2014）。承诺的态度是组织基于有利的结果在与合作伙伴的关系中投资的意愿。这种发展稳定关系的愿望和为维持关系而作出短期牺牲的意愿，反映出维持关系所带来的价值。与态度对应，承诺行为是传递出承诺态度、发展关系意愿的具体行为，例如，进行关系特定投资，包括对人力、物资以及财力资源的投入或分配。Dwyer et al.（1987）最早从行为的角度将承诺定义为交易双方对持续关系的直接或间接保证。综合承诺的态度与承诺的行为可以认为，重大工程中各参建方之间的承诺，反映了一种为获得关系价值而愿意为之投入的意愿和行动。

（5）共同解决困难

为了实现重大工程的成功，参建方必须共同付出努力，规划和协调活动，并共同解决困难。Min et al.（2005）发现，规划、目标设定、绩效考核和解决问题等共同努力对于成功的合作关系至关重要。项目实施过程中出现问题是不可避免的，除了各方对问题的态度外，问题解决过程的有效性是反映双方关系的重要指标。为了确保有效地解决问题，需要尽可能减少纠纷。此外，参建方应尽早解决问题，避免小问题转化成大问题，甚至演化成重大争议，变得难以解决。共同解决问题通常反映在：①基于对相互目标的明确共同做决策；②共同努力解决问题；③持续改进。解决问题的最佳做法是将问题看作共同努力的机会，为各方找到最好的解决方案。研究表明，共同解决问题能使合作伙伴协调其运作流程（Nyaga et. al，2010）。

（6）遵守共同目标

共同目标对提高重大工程组织凝聚力具有至关重要的意义，在嵌入性结构中，共同目标为互动过程提供了焦点和能量。在共同目标建立起来以后，参建方在互动过程中的行为就会更加主动，而不是被动地适应互动的要求。参建方遵守共同目标是因为在嵌入性结构的互动过程中仍然会出现由于利益冲突而产生出矛盾，一致的目标确保参建方能最大程度服务于项目整体成功。事实上，遵守共同目标也是参建方谋求自身利益的一种手段。可以说，重大工程组织间关系行为是一种典型的非零和博弈，与其他参建方合作是比从自利出发的敌对行为更加理性的行为选择（Yan & Dooley，2013）。与传统实践中追求自身利益不同，遵守共同目标使各方的目标趋同并最终实现自身和项目目标。

4.3 重大工程组织间关系行为维度和表现形式的相互关系

重大工程组织间关系行为的3个维度和6类表现形式并不是完全一一对应的，关系行为的表现形式可能体现多种关系行为维度特征，如信息共享体现了信息交换和团结；共同解决问题体现了团结和灵活性。但根据相关文献以及各表现行为的定义和特征，依然可以明确各类表现形式与关系行为维度的对应关系。Ning（2014）将信息交换划分为组织间沟通和项目信息共享。沟通主要用于公开交流信息（Hong et al.，2011），即沟通与信息共享密切联系在一起。灵活地处理问题显而易见是属于灵活性维度。而根据团结的定义,指以长期关系为导向的共同协作行为,因此,可以划分为建立长期关系的承诺行为、代表协作行为的共同解决问题和为实现项目最终目标而遵守共同目标的行为(Nyaga et al., 2010; Anvuur & Kumaraswamy, 2015)。鉴于此,关系行为的3个维度与6类表现形式的对应关系如表4-4所示。

表4-4　　　　关系行为表现形式与维度的对应关系

表现形式	描述	所属关系行为的维度
沟通	通过正式或非正式渠道与其他方进行联络	信息交换
信息共享	通过专有信息和影响合作的关键信息与其他方进行共享	信息交换
灵活地处理问题	当面对突发情形时,参建方可能放弃或推迟对合同的遵守,采取灵活变通的方式处理问题	灵活性
组织承诺	为维持和发展长期关系而进行特定投资和保证	团结
共同解决困难	为解决问题共同付出努力进行规划和协调	团结
遵守共同目标	主动为实现项目共同目标而付出,而非仅仅为了自身目标	团结

值得注意的是,关系行为的3个维度一般用作实证研究中多维度高阶变量关系行为的测度。鉴于这3个关系行为维度及其所属的测度指标是经过学者反复验证的,具有较好的内容效度,因此,在第5章至第7章采用实证研究时,均采用关系行为的3个维度进行变量测量,仅根据重大工程情境对测度指标进行了适当的调整,并不重新开发量表,具体测度指标见附录B。

第 5 章 重大工程组织间关系行为的内部驱动因素：基于计划行为理论

5.1 研究概述

重大工程组织间关系行为属于非强制实施行为，主要依赖于自我履约机制，包含很强的人格化因素。因此，参建方的内部驱动因素，如行为意愿和行为态度等将对关系行为的实施产生重要影响。根据工程建设领域关系行为的文献综述可知，学者已经识别了一系列关系行为采纳的激励因素和障碍因素（Ling，2014）。常见的激励因素包括以更少的投资、更短的工期完成项目、提高利益相关者的满意度以及增强未来竞争力；而常见的障碍因素包括缺少经验、知识和技能，不合作的项目文化，行为采纳需要花费时间和成本，以及被怀疑腐败等。尽管这些因素都可能影响关系行为采纳，但是属于不同类型的影响因素。一部分属于外部环境因素，如项目文化；还有一部分因素属于参建方对该类行为的收益和风险感知，例如感知到关系行为会带来绩效的提升或者额外成本，这决定了参建方关系行为采纳的态度；另有一部分因素源于参建方对自身能力的判断，如感知到具备的知识和技能。由此可知，除了参建方无法主动控制的外部因素，影响关系行为采纳的主要因素是参建方内部心理因素。学者们对关系合同这一类鼓励关系行为采纳的创新模式研究也得到了类似的结论，例如，Li et al.（2000）通过文献综述指出目前影响关系合同实施效果的主要是参建方的行为和态度因素。倘若参建方没有积极合作的态度和行为，那么关系合同将仅是一份"空头支票"。

尽管如此，过去的研究鲜有考察重大工程参建方心理因素对关系行为的驱动作用。因此，本书将从社会心理学的视角定量分析重大工程组织间关系行为的内部驱动因素和驱动路径，为参建方关系行为决策提供理论支撑和指导。经典的社会心理学理论，如理性行为理论（TRA）（Ajzen & Fishbein，1975）和计划行为理论（TPB）（Ajzen，1991），已经被广泛用于各类行为预测和驱动。TRA 认为行为的态度（attitude）和主观规范（subjective norms）能有效预测行为的产生（Ajzen & Fishbein，1975）。之后，许多学者将更多的预测因素融入 TRA，以提高对行为的预测准确度。TPB 即是一种基于 TRA 的改进模型，它增加了感知的行为控制（perceived behavior control，PBC）来同时预测行为意图和实际行为（Wang & Ritchie，2013）。Madden et al.（1992）通过对比研究发现 TPB 比 TRA 能更准确地预测行为。

在关系营销相关领域，学者们已经证实关系行为能被 TPB 模型中部分因素进行预测和驱动，如合作态度（Lusch & Brown，1996）、长期关系导向和关系能力等（Paulraj et al，2008）。而对于特定类型的关系行为，如信息共享行为（Kolekofski & Heminger，2003）和知识共享行为（Bock et al.，2005；Koka & Prescott，2002）亦在其他领域被 TPB 模型进行预测。基于此，本章将以 TPB 模型为基础，从社会心理学的视角探究重大工程参建方关系行为的内部驱动因素，并比较不同情境因素作用下，包括重大工程文化和参建方过去的合作经历等，对内部驱动路径的影响。

5.2　假设提出和理论模型构建

5.2.1　行为意愿和重大工程组织间关系行为

（1）态度与关系行为意愿

重大工程参建方对关系行为的采纳持有不同的态度，而这一态度是由感知到的结果所决定，是来自对感知到的收益（benefit）和风险（risk）的权衡。基于此，本书将态度划分成感知收益的态度和感知风险的态度，感知到的收益是采取关系行为可能获取到的经济、技术、服务、战略、行为和社会收益的集合，它将促进积极态度的产生；相反地，感知到的风险包括与关系行为采纳相关的成本和风险，它将导致负面态度。

过去的研究表明关系行为能同时带来短期和长期的收益。短期收益包括降低成本（Akintoye & Main，2007）、缩短工期、提高质量（Black et al.，2000）、避免冲突（Chan et al.，2003），如此可以提高项目效率和项目利益相关者的满意度。长期收益包括提升组织竞争力（Love et al.，2002）、提高组织能力和声誉（Ross，2003）、建立长期社会关系以及获得未来合作机会（Lu & Yan，2007）等。Phua（2004）强调未来的合作机会（shadow of the future）将促进项目参建方在当前项目中积极采取关系行为。综上所述，提出以下假设：

H1：重大工程参建方感知收益的态度对关系行为意愿有正向作用。

虽然关系行为采纳能带来一系列的收益，但是同时可能引起各种风险。首先，重大工程参建方需要花费额外的成本和时间开展关系行为（Bresnen & Marshall，2000b）。其次，重大工程业主可能仅有一次工程采购机会，导致关系行为不能带来未来合作收益。这种关系的不连续性和不稳定性将降低关系行为所带来的长期收益并增加关系的维护成本。最后，亲密的组织间关系会被怀疑有腐败倾向（Ning & Ling，2013）。因此，重大工程组织间关系行为可能引起的成本和风险将降低参建方的行为意愿。综上所述，提出以下假设：

H2：重大工程参建方感知风险的态度对关系行为意愿有负向作用。

（2）主观规范与关系行为意愿

主观规范是个体在决策是否执行某特定行为时感知到的社会压力，反映的是重要他人或团体对个体行为决策的影响（Ajzen，1991）。在本书中，主观规范是指重大工程参建方感知到其他重要利益相关者对于其采取关系行为给予的压力。首先，子公司需要遵守母公司的战略和策略。在重大工程中，子公司是指实际参与项目的团队（如设计和施工团队），它们需要听从母公司的战略安排。在子公司团队参与重大工程时，大多数母公司都希望该团队能与其他参建方建立长期合作关系从而带来未来收益，因此会要求参与团队采纳关系行为。这也解释了为什么许多重大工程的施工总承包单位与施工单位、专业分包单位隶属于同一家集团公司，而且集团领导会给予高度重视并多次来现场指导工作，这均表明了集团公司对子公司在重大工程积极开展关系行为的期望和要求。此外，政府部门会期望参建方能积极采纳关系行为以提高项目绩效。由于大多数参与重大工程的大型设计和施工单位均为国有企业且曾隶属于政府部门，它们与政府部门之间历史性的母—子公司关系会使得重大工程参建方按照政府期望积极采用关系行为从而高效地实现项目目标（Chi et al.，2011）。其次，考虑到重大工程的示范效应，建筑业的相关行业协会也会针对重大工程积极倡导建立合作关系，具体而言，它们会鼓励采纳关系合同或者信息技术手段（如 BIM 技术）来促进信息交换和共同解决问题。再次，媒体也会在重大工程实施过程中报道该项目团结合作的事迹，从而激励项目参建方继续采取关系行为。最后是来自竞争者的压力，这与制度理论同构性压力中模仿性压力类似，若竞争者在重大工程中广泛采取关系行为并获得收益，这亦将驱动重大工程参建方积极采取关系行为。基于以下分析，提出假设如下：

H3：重大工程参建方的主观规范对关系行为意愿有正向作用。

（3）感知行为控制与行为意愿

感知行为控制是感知到执行某特定行为容易或困难的程度（Ajzen，1991），后续研究发现其包含自我效能感和控制力两个因素，前者是指个体对完成行为所具备能力的信心，即自我效能；后者指个体对完成行为所需资源的控制程度。自我效能是个体对自身完成某项任务或工作行为能力的一种主观感受，而不是能力本身。控制力是综合考虑了自身具备的知识、技能和所具备的资源后，对行为控制程度的客观评价。在组织间关系的相关研究中，感知行为控制的含义与关系能力相关的构念相似，如关系能力和网络能力（Mazur et al.，2014）。在这些构念中更常使用的是关系能力（Lages et al.，2009），因此，在本章关系行为的研究中，感知行为控制被理解为关系能力，指项目参建方有意识地去建立、维护和发展合作关系的能力。关系能力使项目参建方能扮演多个角色，如协调临时性组织和发展社会网络等（Bechky，2006）。关系能力由于难以被其他竞争者模仿和复制，因此也是一种竞争优势。综上所述，本研究提出如下假设：

H4：重大工程参建方的感知行为控制对关系行为意愿有正向作用。

（4）感知行为控制与关系行为

Ajzen（1991）指出准确地感知行为控制反映了实际控制条件，可以直接预测行为发生。项目参建方的感知行为控制包括了一系列隐形的能力，包括信息分享能力、交流能力和发展长期关系的能力。Collins & Hitt（2006）提出组织必须建立有效的关系能力才能获取外部知识并传播内部知识，从而实现知识共享。Paulraj et al.（2008）实证验证了长期导向的关系能力有利于促进组织间交流。而知识共享和组织间交流等都是关系行为的具体表现形式。综上所述，本研究提出如下假设：

H5：重大工程参建方的感知行为控制对关系行为采纳有正向作用。

（5）关系行为意愿与关系行为

Ajzen（1991）指出行为意愿可以直接决定行为。近年来，一些学者在不同领域的研究结果证实意愿对行为有正向促进作用，如环境可持续领域（Pavlou & Fygenson，2006）和创新技术采纳（Swaim et al.，2014）。Armitage & Conner（2001）采用元分析方法对 185 项基于 TPB 的研究进行了定量研究，进一步验证了行为意愿与实际行为之间的正向关系。而在组织间关系的相关研究中，行为意愿与实际行为之间的关系亦得到了验证，包括知识共享（Bock et al.，2005）和信息共享行为（Kolekofski & Heminger，2003）。综上所述，本研究提出如下假设：

H6：重大工程参建方的关系行为意愿对关系行为有正向作用。

5.2.2 情景化因素的调节作用

建立良好的关系质量对重大工程这种跨功能组织十分重要，但也具有挑战性。Engwall（2003）认为项目并不是一个孤岛，项目参建方过去的合作经历对项目成功十分有益。Lu et al.（2015）研究结果显示，重大工程中大多数项目参建方都有一定的过去合作经验，这是因为大多数重大工程都是政府投资项目且主要参建方为国有企业，业主更倾向选择国有企业及过去合作良好的企业继续合作，以降低投资风险。以上海虹桥交通枢纽项目为例，业主和施工总承包单位均与之前实施的上海南站相同，而作为施工总承包单位的上海建工集团使用的专业分包单位和劳务分包单位均为长期合作单位，这均反映了长期合作的重要性。当项目参建方有之前的合作经验，它们建立起了明确的行为规范来明确行为标准。此外，Poppo et al.（2008）认为过去的经验能通过进一步的交易促进信任的提升。因而，在目前的行为学研究中，过去的经验常被用作调节变量。另外，项目文化是项目管理相关研究中一个十分重要的情境变量，因而也常被用作调节变量。例如，Wang & Yen（2015）分析了安全氛围对安全领导力与离职意向之间关系的调节作用；Cheung & Rowlinson（2011）认为项目文化对不同的合同策略有调节作用。在重大工程实践中，项目文化的软实力也对项目的顺利实施发挥了重要作用，如在苏通大桥项目就确立了"崇尚劳动、为民造福、尊重科学、勇于跨越"的项目文化，该项目的工程咨询顾问盛昭瀚教授认为该文化"引领了整个工程建设的灵魂，是一切行为的主导"。综上所述，本研究将探索过去合作经验和项目文化对以上关系假设的调节作用。

（1）过去的合作经验

组织或团队间过去的合作经验能够影响组织间关系行为，因为过去的合作经验决定了参建方之间的熟悉程度和信任程度（Buvik & Rolfsen，2015）。例如，之前的合作经验和知识使参建方彼此了解角色分工、行为偏好和工作方式，因此能更好地相互合作以应对项目建设过程中的挑战。相互熟悉的合作者拥有更多处理潜在冲突和争端的经验，尤其是对曾经在其他项目中共同应对过的类似问题。此外，过去合作经验让项目参建方了解开展信息交换的合适时间、方式和渠道，从而提高信息共享的效率和有效性。再者，多次的合作将使项目参建方能预测对方的行为，这也将产生一种规范性的压力，使项目参建方需要始终保持"值得被信任"的状态以获取更多次合作机会。Buvik & Rolfsen（2015）也表明之前的合作经历能让团队提升自身能力，从而更加值得信任。Zhang et al.（2009）对PPP项目的调研证实了过去的合作经验有利于提高相互之间的信任，从而促进关系行为的产生。拥有过去合作经验还可以促进参建方进行更多的特定资产投资，以促进组织间关系行为。作为情景化因素，Heide（2003）认为参建方之间的历史关系可以调节关系行为与关系结果的正向作用。基于以上分析，本章研究假设参建方之间过去的合作经验与TPB模型中内部驱动因素（态度、主观规范和感知行为控制）、行为意图发生交互作用，并最终影响参建方关系行为实施。因此，我们提出如下调节作用假设：

H7（H7a—H7f）：重大工程参建方之间过去的合作经验正向调节假设H1、H3、H4、H5、H6中提出的变量间关系；负向调节假设H2中提出的变量间关系。

(2) 重大工程文化

Korzilius（1988）强调建立一个紧密合作的项目文化对项目成功的重要性。之后的学者也指出项目文化将影响组织开展关系行为的态度和意愿，如 De Long & Fahey（2000）认为文化是由价值观、规则和实践所决定，进而影响沟通交流和信息交换的方式。良好的文化将有利于积极行为，如 Keskin et al.（2005）的研究结果显示团队合作、积极参与和凝聚力形成小团体文化（clan culture）对隐性知识共享有正向作用。团队合作依赖于团队成员之间的协同作用，通过个人或集体的方式创造有效率的团队文化。此外，项目参建方必须对自身角色和职能定位保持一定灵活性以适应重大工程的不确定性，并在相互合作的项目氛围中完成项目目标。相反地，Bresnen & Marshall（2000b）认为建设项目中对抗性文化是阻碍关系行为的最主要因素，因为项目参建方会为了获得自身利益而牺牲其他参建方利益。Ng et al.（2002）则提出不灵活的项目文化会阻碍关系行为，因为这不利于项目参建方采取相互妥协和折中方案共同解决问题。由此可得，不合作的项目文化将引起组织行为的"失调"，如信息阻滞和失真，影响项目目标实现。基于以上研究，本章研究假设重大工程文化与 TPB 模型中内部驱动因素（态度、主观规范和感知行为控制）、行为意图发生交互作用，并最终影响参建方关系行为实施。因此，我们提出如下调节作用假设：

H8（H8a—H8f）：重大工程中建立的合作文化正向调节假设 H1、H3、H4、H5、H6 中提出的变量间关系；负向调节假设 H2 中提出的变量间关系。

5.2.3 重大工程组织间关系行为内部驱动理论模型

根据上面的分析，本研究一共提出了共计 18 个研究假设，其中，行为态度、主观规范、感知行为控制与行为意愿的假设 4 个，感知行为控制、行为意愿与关系行为的假设 2 个，参建方之间过去的合作经验和重大工程文化的调节作用假设 12 个。综合上述研究假设，可以得到整合后的研究概念模型，如图 5-1 所示。

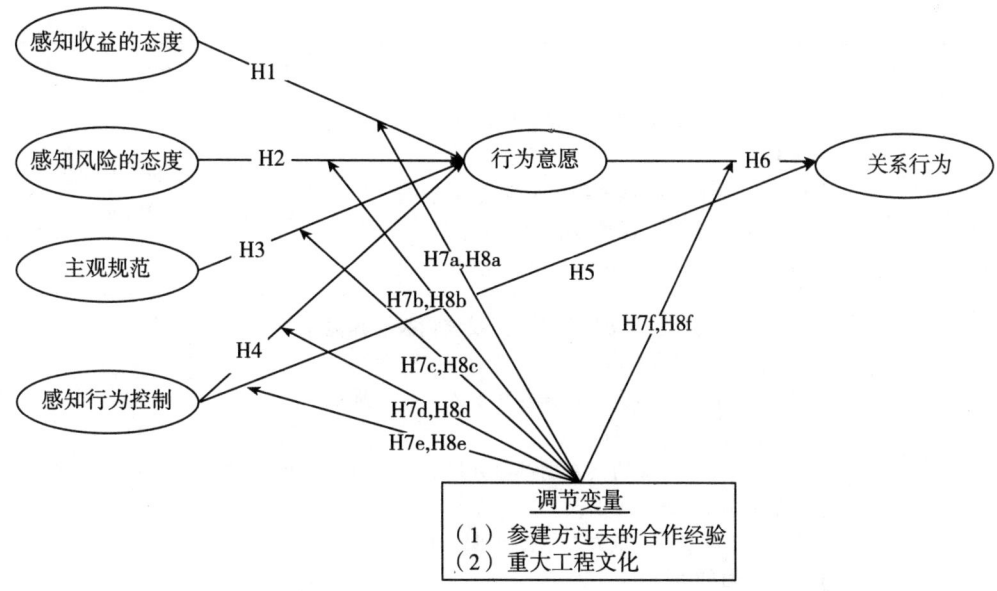

图 5-1 重大工程组织间关系行为的内部驱动因素模型

5.3 问卷设计与变量测量

内部驱动模型中各变量的测量指标主要来源于计划行为理论以及工程建设领域关系行为相关理论和实证研究成果,以保证测量指标的内容效度,然后再根据重大工程情境进行相应的调整,各变量题项的文献依据如表 5-1 所示。值得注意的是,关系行为是一个二级反映型构念,它由三个一级反映型构念组成,具体包括团结、灵活性和信息共享,这是最常被采用的测度方式(Hoppner & Griffith, 2011; Lusch & Brown, 1996)。所有变量的测量题项均采用李克特五点量表测度,即 1 = 非常不同意;3 = 一般;5 = 非常同意。但变量"参建方过去的合作经验"是采用虚拟变量,即 0 = 无过去合作经验;1 = 有过去合作经验。

表 5-1 重大工程组织间关系行为内部驱动模型中变量测度

变量	测量题项	主要来源
感知收益的态度(PBA)	PBA1——提高任务的完成效率 PBA2——与项目其他参建方有效解决冲突 PBA3——与项目其他参建方建立良好社会关系	Black et al. (2000); Dubois & Gadde (2000)

续表

变量	测量题项	主要来源
感知风险的态度（PRA）	PRA1——需要额外的时间或资源来建立和维持关系 PRA2——作出折中或损失短期利益的选择 PRA3——不利于保护核心知识和信息 PRA4——容易产生机会主义行为或腐败	Glagola & Sheedy（2002）； Ling et al.（2014）
主观规范（SN）	SN1——母公司（或上级单位）要求积极与其他参与方合作完成任务 SN2——我方同行竞争者普遍在重大工程中采取与其他方合作的关系行为 SN3——工程行业协会鼓励参建方采取关系行为（如新型的组织管理模式） SN4——媒体报道重大工程各方通过该关系行为完成项目的事迹	Liang et al.（2007）； Wong & Boon–itt（2008）
感知行为控制（PBC）	PBC1——具备与其他方建立良好关系的知识、能力和资源 PBC2——了解主要参建方（角色、工作范围、优劣势等） PBC3——能与其他方进行有效沟通和信息交换 PBC4——能与其他方相互合作解决问题	Lages et al.（2009）； Mazur et al.（2014）
行为意愿（IN）	IN1——在过去的项目中总是采用关系行为 IN2——参与该项目之初就有意向采用关系行为 IN3——在未来的项目中将继续采用关系行为	Ajzen（1991）； Liu et al.（2009）
关系行为（RB）	（1）团结（RBS） RBS1——将项目中出现的问题视为己任 RBS2——帮助其他参建方时不求回报 RBS3——致力于提高项目整体（非仅我方）的合作关系 （2）灵活性（RBF） RBF1——愿意通过灵活性方式（如签订补充协议等）应对和处理突发情况 RBF2——灵活解决各方间冲突 （3）信息交换（RBIE） RBIE1——主动向其他方提供对他们有益的信息 RBIE2——及时告知其他方对他们有影响的事件或者变化 RBIE3——常通过多种渠道与其他方沟通信息	Hoppner & Griffith（2011）； Lusch & Brown（1996）

续表

变量	测量题项	主要来源
重大工程文化（PC）	PC1——鼓励以项目目标为导向 PC2——鼓励经常进行会面和信息交换 PC3——鼓励相互合作来解决问题 PC4——鼓励采用灵活或创新的方式解决项目中的特殊情况	Cheung & Rowlinson (2011)；Zuo et al. (2009)

5.4 分析与结果

本章的数据收集见本书第3.3.2节，因此不再重复。研究对象包括业主方、监理单位、设计单位、施工总承包单位、专业分包单位和项目管理咨询单位，共285份有效问卷，有效问卷所对应的样本的基本信息如表3-4和图3-2所示。

本章主要采用偏最小二乘法（partial least squares，PLS）对理论模型进行假设验证。PLS是一种基于组成要素的结构方程模型（structure equation modeling，SEM），类似于其他基于协方差的SEM方法，如AMOS和LISREL，它可对同一模型中多个潜变量之间的相互关系进行验证，但PLS更适合样本相对较少的预测性研究（Le et al., 2014）。本章采用PLS方法基于两个原因。首先，本研究是基于TPB模型对重大工程组织间关系行为进行预测研究；其次，本研究在进行调节作用分析时将采用多组分析（multi-group analysis），会出现样本量小于100的分析单元[①]，属于小规模样本分析。鉴于此，本章研究采用PLS进行数据分析。具体而言，本章所采用的PLS分析软件为SmartPLS2.0 M3，对测量模型和结构模型中各类系数显著程度的检验均采用Bootstrapping算法。

对重大工程组织间关系行为内部驱动模型的检验共包括三个步骤。首先，

---

① PLS方法的最小样本数量可遵循"10倍准则"（Hair et al., 2014），即样本数量应不小于单个变量最大输入路径数量的10倍。Falk and Miller (1992) 甚至认为样本数量只要不小于单个变量最大输入路径数量的5倍即可（5倍准则）。本章理论模型中输入路径最多的变量为"行为意愿"，共4条，根据"10倍准则"，即样本量大于40即可。

测量模型中各变量的信度和效度评价；其次，计算并分析结构模型准确度、相关度以及路径系数的显著性；最后，考察两个选定的情境变量——重大工程文化和参建方过去的合作经验——对结构模型中变量之间关系的调节作用。对于步骤一和二，PLS 的判别指标和标准如表 5-2 所示。

表 5-2　　　　　　　　PLS 判别指标和判别标准

检验项目		检验值	检验标准
测量模型评价			
信度	内部一致性	组成信度（CR）	CR 一般要求大于 0.7
	指标信度	PLS 中的主成分分析	测量指标的标准化因子负荷一般应高于 0.7，最低取值要求高于 0.6
效度	收敛效度	平均提取方差（AVE）	AVE 要求高于 0.5
	区分效度	AVE	每个结构变量 AVE 的平方根应大于其与其他结构变量的相关系数；每个测量项对其相关变量的标准负荷系数应大于与其他变量的标准负荷系数
结构模型评价			
模型效度	预测的准确性和相关性	R^2 和 Q^2	不同研究领域对 R^2 值要求不同，通常情况下，R^2 值越大越好；Q^2 要求大于 0
路径效度	路径系数	t 值显著性检验	t 值高于 1.96

资料来源：Hair et al., 2014。

5.4.1 测量模型评价

在进行假设检验之前，需先确保假设中的变量已被正确地定义及测量，为此，需要进行测量模型的信度与效度分析。信度分析又称为可靠性分析，主要用于检验构成变量的指标的内部一致性（Hair et al., 2014）。根据表 5-2 对信度的检验要求，计算了模型中变量的组成信度（composite reliability, CR）和测量指标的标准化因子负荷，表 5-3 中结果显示各变量的 CR 均大于 0.7 这一控制性水平，且因子负荷处于 0.930~0.660 区间，均大于 0.6，均在 1% 或更高的水平上统计显著，这表明量表具有较高的信度。

效度检验主要包括收敛效度检验与区分效度检验，前者主要检验用于测量某个变量的各测量指标（题项）是否真正共同指向该潜在构念，后者则主要验证各变量对应的测量指标并未测量其他的潜在构念（Hair et al., 2014）。如表 5-3 所示，各变量的平均方差萃取量（average extracted variance, AVE）大于 0.5，显示各变量均可解释其对应指标 50% 以上的方差，表明对应量表具有较高的收敛效度。表 5-4 显示各变量 AVE 的平方根均大于该变量与其他变量的相关系数的绝对值，表 5-5 显示各测量指标对其相关变量的标准负荷系数应大于与其他变量的标准负荷系数，即不存在交叉负荷问题，表明变量亦具有较好的区分效度。

表 5-3　重大工程组织间关系行为内部驱动模型评估结果

变量	测量指标	平均值	因子载荷	t 值	AVE	CR
感知收益的态度（PBA）	PBA1	4.074	0.861	29.450	0.736	0.893
	PBA2	4.018	0.878	41.387		
	PBA3	4.046	0.834	25.192		
感知风险的态度（PRA）	PRA1	2.344	0.671	2.842	0.552	0.830
	PRA2	2.582	0.860	4.413		
	PRA3	2.814	0.738	3.315		
	PRA4	2.751	0.688	2.919		
主观规范（SN）	SN1	4.126	0.660	16.095	0.556	0.833
	SN2	3.958	0.785	19.931		
	SN3	3.782	0.770	21.988		
	SN4	3.814	0.721	18.752		
感知行为控制（PBC）	PBC 1	3.975	0.808	31.557	0.658	0.885
	PBC 2	3.874	0.776	27.031		
	PBC 3	3.898	0.859	47.207		
	PBC 4	3.909	0.801	21.785		
行为意愿（IN）	IN1	3.589	0.661	13.407	0.559	0.791
	IN2	3.793	0.780	24.317		
	IN3	4.053	0.796	29.768		
团结（RBS）	RBS1	4.042	0.858	46.986	0.675	0.861
	RBS2	3.375	0.751	22.439		
	RBS3	3.951	0.852	50.088		

续表

变量	测量指标	平均值	因子载荷	t 值	AVE	CR
灵活性（RBF）	RBF1	3.916	0.925	82.950	0.861	0.925
	RBF2	3.772	0.930	102.864		
信息交换（RBIE）	RBIE1	3.744	0.765	23.921	0.664	0.855
	RBIE2	3.933	0.859	44.004		
	RBIE3	3.926	0.819	32.217		

注：CR 为组成信度；AVE 为平均方差萃取量。

表 5-4　重大工程组织间关系行为内部驱动模型中变量的相关系数矩阵

变量	相关系数							
	PBA	PRA	SN	PBC	IN	RBS	RBF	RBIE
感知收益的态度（PBA）	**0.86**							
感知风险的态度（PRA）	-0.06	**0.74**						
主观规范（SN）	0.29	-0.09	**0.75**					
感知行为控制（PBC）	0.33	-0.05	0.33	**0.81**				
行为意愿（IN）	0.35	-0.10	0.44	0.43	**0.75**			
团结（RBS）	0.30	0.05	0.41	0.40	0.42	**0.82**		
灵活性（RBF）	0.21	-0.04	0.31	0.34	0.38	0.18	**0.93**	
信息交换（RBIE）	0.28	-0.16	0.33	0.50	0.44	0.38	0.38	**0.81**

注：相关系数矩阵对角线中的粗体数值为平均方差萃取量（AVE）的平方根，手工计算得出。

表 5-5　重大工程组织间关系行为内部驱动模型中变量的因子载荷

变量	测量指标	标准化因子载荷							
		PBA	PRA	SN	PBC	IN	RBS	RBF	RBIE
感知收益的态度（PBA）	PBA1	**0.861**	-0.054	0.225	0.254	0.323	0.257	0.160	0.244
	PBA2	**0.878**	-0.043	0.227	0.309	0.305	0.230	0.183	0.219
	PBA3	**0.834**	-0.057	0.290	0.293	0.276	0.301	0.193	0.257
感知风险的态度（PRA）	PRA1	-0.066	**0.671**	-0.053	-0.070	-0.064	0.026	0.002	-0.074
	PRA2	-0.022	**0.860**	-0.098	-0.050	-0.102	0.005	0.003	-0.156
	PRA3	-0.076	**0.738**	-0.095	-0.049	-0.077	0.039	-0.105	-0.177
	PRA4	-0.021	**0.688**	0.011	0.025	-0.053	0.133	-0.041	-0.043

续表

变量	测量指标	标准化因子载荷							
		PBA	PRA	SN	PBC	IN	RBS	RBF	RBIE
主观规范（SN）	SN1	0.282	-0.055	**0.706**	0.269	0.360	0.313	0.225	0.257
	SN2	0.174	-0.002	**0.749**	0.250	0.331	0.353	0.230	0.223
	SN3	0.213	-0.082	**0.786**	0.232	0.281	0.291	0.236	0.213
	SN4	0.174	-0.133	**0.739**	0.231	0.320	0.245	0.238	0.275
感知行为控制（PBC）	PBC1	0.332	-0.071	0.322	**0.808**	0.416	0.326	0.325	0.382
	PBC2	0.159	-0.045	0.263	**0.776**	0.287	0.339	0.237	0.388
	PBC3	0.293	-0.018	0.247	**0.859**	0.398	0.305	0.303	0.451
	PBC4	0.276	-0.039	0.243	**0.801**	0.278	0.346	0.224	0.388
行为意愿（IN）	IN1	0.157	-0.115	0.303	0.315	**0.661**	0.233	0.212	0.304
	IN2	0.277	-0.040	0.292	0.328	**0.780**	0.284	0.287	0.343
	IN3	0.336	-0.082	0.381	0.326	**0.796**	0.395	0.338	0.349
团结（RBS）	RBS1	0.218	0.063	0.334	0.343	0.377	**0.858**	0.149	0.325
	RBS2	0.231	0.037	0.283	0.266	0.295	**0.751**	0.095	0.232
	RBS3	0.299	0.033	0.376	0.374	0.348	**0.852**	0.198	0.366
灵活性（RBF）	RBF1	0.201	-0.001	0.294	0.291	0.361	0.169	**0.925**	0.331
	RBF2	0.184	-0.079	0.286	0.339	0.343	0.172	**0.930**	0.367
信息交换（RBIE）	RBIE1	0.141	-0.220	0.229	0.340	0.355	0.243	0.300	**0.765**
	RBIE2	0.283	-0.092	0.258	0.427	0.354	0.339	0.274	**0.859**
	RBIE3	0.249	-0.098	0.310	0.441	0.378	0.340	0.346	**0.819**

注：粗体标注的载荷值指各测量指标在所测变量上的载荷。

5.4.2 结构模型评价

由于 PLS 并不要求数据是正态分布，因此一般采用 Bootstrapping 方法来评价结构模型效度和路径系数的显著性。在 SmartPLS 2.0 中选择 285 个案例和 5000 个样本，计算结果如图 5-2 所示。基于路径系数的显著性发现，除 H2，其他假设均得到了支持。具体而言，感知收益的态度与参建方的关系行为意愿之间的路径系数为 0.176，在 0.01 的水平上显著，H1 得到了验证；主观规范与关系行为意愿之间路径系数为 0.296，且在最高水平上显著（$p<0.001$），H3 得到了支

持。此外，感知行为控制与关系行为意愿和关系行为的路径系数分别为 0.273 和 0.400，且均在 0.001 的水平上显著，因此，H4 和 H5 得到了验证。最后，关系行为意愿与关系行为之间的路径系数为 0.387 且在最高水平上显著（$p < 0.001$），因此，假设 H6 得以验证。与以上结果不同，感知风险的态度与参建方的关系行为意愿之间的路径系数不显著，H2 未被验证。

最常见的评估结构模型准确性的参数为 R^2，代表的是与其相连的外生变量对内生变量的可解释变异程度。R^2 值的范围是 0~1，值越高代表解释的准确性越高。R^2 可接受的程度视模型的复杂性和研究领域而定。由图 5-2 可知，模型中 4 个内部驱动变量（感知收益的态度、感知风险的态度、主观规范和感知行为控制）对行为意愿解释程度 R^2 值为 31.3%，行为意愿和感知行为控制对关系行为的解释程度 R^2 值为 44.4%。Armitage & Conner（2001）对 TPB 相关研究的综述结果显示，TPB 模型预测准确性范围为 27%~39%。由此可见，本研究所构建的模型可对关系行为的采纳进行较好的解释。

除了用 R^2 评价预测的准确性，研究还需要评价 Stone – Geisser 提出的 Q^2 值（Geisser，1974；Stone，1974）来评价模型的预测相关性。Q^2 一般采用 Blindfolding 程序进行计算并设置 7 为省略距离（omission distance），结果显示 Q^2 大于 0 这一控制阈值，这表明结构模型有较好的预测相关性。

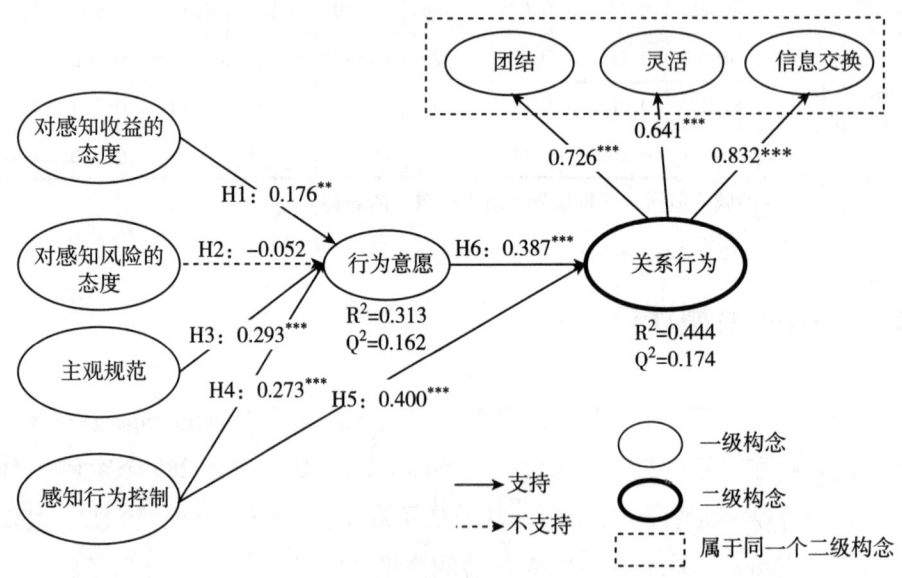

图 5-2 重大工程组织间行为内部驱动模型检验结果

注：*** 代表 $p < 0.001$（$t > 3.29$）；** 代表 $p < 0.01$（$t > 2.58$）；* 代表 $p < 0.05$（$t > 1.96$）。

为了对基于 PLS 方法的假设检验结果的可靠性进行进一步验证，本书亦采用 SPSS Statistics 20.0 软件理论模型中主效应的假设路径进行了基于最小二乘法（ordinary least square，OLS）的多层次线性回归，回归分析结果见附录 E。通过对两种方法结果的比较可知，虽然两种方法下最后的模型中路径系数和显著性程度略有所不同，但对各假设的验证结论则完全一致，即 H1、H3、H4、H5、H6 均得到了支持，H2 未得到支持。

5.4.3 调节作用分析

（1）参建方之间过去的合作经历（PCE）

由于 PCE 是一个虚拟变量，分为参建方之间有过去合作经历和无合作经历，因此采用多组分析方法（multi-group analysis）。根据数据情况，将全部 285 个样本分成两组，分别是有历史合作和无历史合作，分别含 206 个和 79 个样本。采用 PLS 方法对这两个子样本分别计算理论模型中路径系数，再根据 Keil et al.（2000）提出的路径系数对比方法［见式（5-1）］可得出路径系数之间是否存在显著性差异。

$$t = \frac{path_{sample1} - path_{sample2}}{\sqrt{\frac{(m-1)^2}{(m+n-2)} \times S.E._{sample1}^2 + \frac{(n-1)^2}{(m+n-2)} \times S.E._{sample2}^2} \times \sqrt{\frac{1}{m} + \frac{1}{n}}} \tag{5-1}$$

其中，$path$ 为路径系数；$S.E.$ 为标准错误；m 为样本 1 的数量；n 为样本 2 的数量。

通过表 5-6 中路径系数的对比可知：H1 和 H4 的路径系数在两个子样本中表现出显著差异。一方面，参建方过去合作经验对感知行为控制（PBC）和行为意愿之间的正向关系有促进作用；另一方面，参建方过去合作经验对感知收益的态度（PBA）和行为意愿之间的正向关系有抑制作用。由此可得，H7 被部分支持。

为了对多种分析方法得出的调节作用结果的可靠性进行进一步验证，本书亦采用层次回归方法检验自变量（内部驱动因素）与调节变量（PBC）形成的交互项的显著性，回归分析结果见附录 F。通过对两种方法结果的比较可知，两种方法下调节效应的结论一致，再次论证了参建方过去合作经验的调节作用。

表 5-6　　　　　　　过去合作经验的调节作用计算结果

假设	有过去合作经历 (m=206)		无过去合作经历 (n=79)		路径系数差异	t 值
	β	t 值	β	t 值		
H1: PBA→IN	0.103*	1.964	0.396***	9.459	-0.293***	3.316
H2: PRA→IN	-0.071	1.345	-0.056	0.611	-0.015	0.664
H3: SN→IN	0.281***	5.797	0.323***	7.403	-0.042	0.439
H4: PBC→IN	0.319***	6.403	0.126**	2.613	0.193*	2.324
H5: PBC→RB	0.423***	8.561	0.340***	5.895	0.083	0.946
H6: IN→RB	0.386***	8.044	0.407***	5.897	-0.021	0.249

注：*** 代表 $p<0.001$ ($t>3.29$)；** 代表 $p<0.01$ ($t>2.58$)；* 代表 $p<0.05$ ($t>1.96$)。PBA=感知收益的态度；PRA=感知风险的态度；SN=主观规范；PBC=感知行为控制；IN=行为意愿；RB=关系行为。

(2) 重大工程文化

重大工程文化的调节作用是以重大工程文化测量指标平均值的中位数作为分界值，将总样本分成两个子集进行分析，分别为 143 个一般合作项目文化样本和 142 个高度合作项目文化样本，结果见表 5-7。通过路径系数的对比发现，H1 至 H6 的路径系数在两个子样本中并未表现出显著差异。但需要注意的是，对于 H2，在一般合作的项目文化下，感知风险的态度对行为意愿是显著负向关系（$\beta=-0.108$，$p<0.05$），而在高度合作的项目文化下，该结果不显著。

表 5-7　　　　　　　重大工程文化的调节作用计算结果

假设	一般合作的项目文化 (m=143)		高度合作的项目文化 (n=142)		路径系数差异	t 值
	β	t 值	β	t 值		
H1: PBA→IN	0.115**	2.069	0.201***	3.919	-0.086	1.017
H2: PRA→IN	-0.108*	2.006	-0.020	0.315	-0.088	1.006
H3: SN→IN	0.259***	4.555	0.283***	6.594	-0.024	0.393
H4: PBC→IN	0.289***	5.219	0.271***	6.160	0.018	0.237
H5: PBC→RB	0.335***	6.002	0.437***	8.317	-0.102	1.365
H6: IN→RB	0.393***	7.858	0.346***	6.297	0.047	0.627

注：*** 代表 $p<0.001$ ($t>3.29$)；** 代表 $p<0.01$ ($t>2.58$)；* 代表 $p<0.05$ ($t>1.96$)。PBA=感知收益的态度；PRA=感知风险的态度；SN=主观规范；PBC=感知行为控制；IN=行为意愿；RB=关系行为。

5.4.4 中介作用分析

为验证行为意愿在 3 个内部驱动变量（感知收益的态度、主观规范和感知行为控制）与关系行为之间的中介效应，本研究通过 Sobel（1982）检验法进行了中介作用分析。

第一步，建立仅包含 3 个内部驱动变量（自变量）与关系行为（因变量）之间直接关系的替代模型Ⅰ（见图 5-3）。通过 PLS 计算后，结果显示感知收益的态度与关系行为之间（简写为 PBA→RB）路径系数具有统计上显著性（$\beta = 0.141$，$p < 0.05$）；此外，SN→RB（$\beta = 0.284$，$p < 0.001$）和 PBC→RB（$\beta = 0.424$，$p < 0.001$）路径系数均具有统计上显著性。

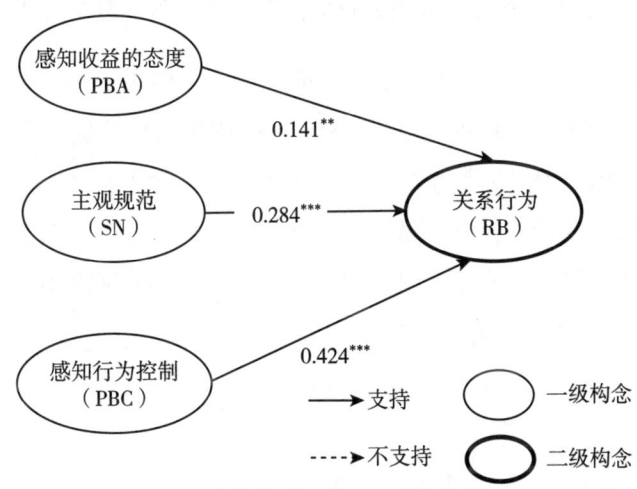

图 5-3　重大工程组织间关系行为意愿的中介作用分析替代模型Ⅰ

第二步，建立同时包含 3 个内部驱动变量（自变量）、行为意愿（中介变量）和关系行为（因变量）之间直接和间接关系的替代模型Ⅱ（见图 5-4）。通过 PLS 计算，结果显示对于 PBA→RB，该路径系数变得不显著（$\beta = 0.088$），但间接路径 PBA→IN 和 IN→RB 的路径系数具有统计上显著性（$\beta = 0.424$，$p < 0.001$；$\beta = 0.424$，$p < 0.001$）。另外两个驱动变量——主观规范和感知行为控制，无论是与关系行为的直接路径，还是通过行为意图与关系行为形成的间接路径，路径系数均具有统计上显著性。

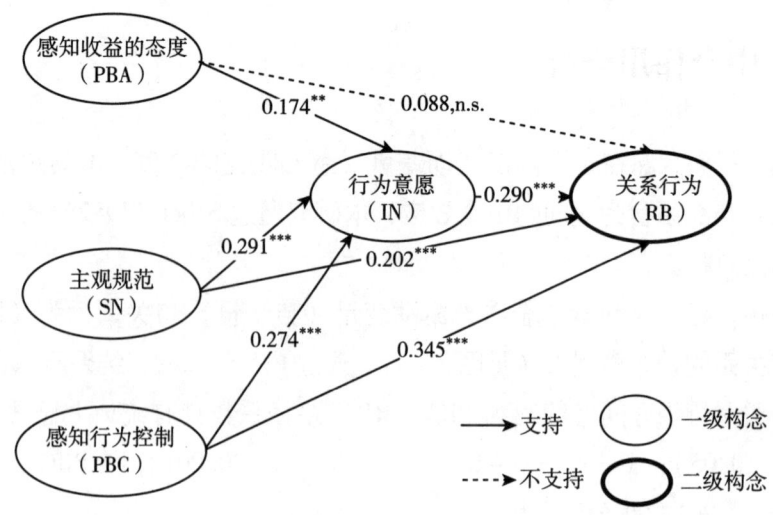

图 5-4 重大工程组织间关系行为意愿的中介作用分析替代模型 Ⅱ

第三步，基于以上的计算结果进行 Sobel 检验，结果显示，路径 PBA→IN→RB 的检验值为 2.68（$p<0.05$）；路径 SN→IN→RB 的检验值为 3.81（$p<0.05$）；路径 PBC→IN→RB 的检验值为 3.72（$p<0.05$）。这意味着：①行为意愿对感知收益的态度与关系行为之间的关系存在完全中介作用；②行为意愿对主观规范与关系行为之间的关系存在部分中介作用；③行为意愿对感知行为控制与关系行为之间的关系存在部分中介作用。

5.5 结果讨论

本章基于改进的 TPB 模型，探索了重大工程参建方采取关系行为的内部驱动因素，并分析了不同重大工程文化情境和参建方过去合作经验下，内部驱动因素的有效性，具体讨论结果如下。

5.5.1 社会心理学因素对关系行为的内部驱动作用

对 H1 的假设检验结果显示，感知收益的态度能促成重大工程参建方关系行为意愿的产生，这与 Suprapto et al.（2015a）的研究结论类似，他们认为企业积极的关系态度能促进更多的关系行为并提高组织间关系质量。在重大工程中，拥有积极态度的参建方更愿意与其他参建方合作，而该参建方也会愿意积极主动地解决项目实施过程中出现的突发问题，参建方之间的这种互惠行为有利于减少在界面管理过程中不可避免的摩擦和冲突（Ling et al.，2013）。此外，当重大项目参建方期望在当前项目中通过采取关系行为获得长期收益时，包括建立良好的信誉并获得未来的商业机会，它们会倾向于在项目实施过程中搁置与其他方的争议并争取对双方都有利的结果（Griffith et al.，2006）。因此，重大项目参建方可以通过深入分析和考量采纳关系行为所能带来的一系列短期和长期利益，从而增强采取关系行为的意愿。

然而，H2 未得到支持，这表明重大工程参建方感知风险的态度与关系行为意愿统计上无显著相关性。这与 Ning et al.（2013b）的研究结论并不一致，他们指出关系行为的最关键阻碍包括需要花费额外成本和时间、可能被怀疑有腐败倾向等，这些感知到的风险显著影响关系行为的采纳。这种结论的差异性来源于研究对象的不同，本研究聚焦于具有社会和政治影响力的重大工程而非一般公共项目，该类项目的参建方均期望通过展示良好的任务绩效来提高企业声誉，因此，即使采纳关系行为可能牺牲企业的一些短期利益（Poppo & Zenger，2002），但声誉的提高而带来的未来收益将弥补这一牺牲。以上海世博会项目的供应商捐赠材料事宜为例，在项目实施时，许多材料都是供应商捐赠的，它们来到世博把自己的企业品牌和意识通过世博会展示出来，在以后的业绩将留下很大的一笔无形资产。正如某捐赠材料企业的领导所言："我们今天可以不赚钱，明天可以，我们打进世博，进入世博，就是我们的资产。"这正验证了本研究结论。此外，与西方个体主义文化相比，中国传统文化强调集体主义（Eckhardt，2002），因此，在由众多参建方组成的重大工程中，项目参建方会优先考虑共同合作完成项目预定目标，尤其是对于有固定完成日期的重大工程，因为一方的非合作行为极有可能会对其他参建方的任务完成造成影响，进而拖延整个项目工期（Cheung et al.，2013）。以北京首都国际机场 3 号航站楼为例，Chi et al.（2011）指出尽管该项目由于采用边设计边施工的模式而引起了一系列的设计变更，并产生了诸多索赔和争议，项目参建方并没有因此停工，而是继续合作并保证项目按期交付。

研究结果显示有三个内部驱动因素（感知收益的态度、主观规范和感知行为控制）均对参建方的关系行为意愿有正向作用，而其中主观规范的驱动作用最强,这意味着社会认同或者"合法性"① 被认为是影响重大工程参建方关系行为的关键要素。近些年,建筑行业逐渐被认为是一个巨大的网络组织,而项目参建方被认为是嵌入在复杂的社会、行业和项目层面的交互关系中,因此,项目参建方的关系行为不可避免地由制度、行业和项目规范所影响。正如 Phua(2006)的研究结果显示,意识到行业正在倡导伙伴关系模式的企业比尚未意识到该行业规范的企业有双倍的可能性采纳该模式。

此外,本章研究结果表明感知行为控制(本书指关系能力)是关系行为意愿的驱动因素。关系管理相关文献已明确了关系能力对积极组织行为的重要作用,例如,Cheung et al.(2013)验证了关系能力对团队合作的正向作用,类似地,Ling & Ma(2014)认为缺少关系能力会阻碍业主和咨询方之间的信任。但之前的研究忽略了行为意愿对实际行为的决定性作用,本研究进一步验证了行为意愿与关系行为之间的正向关系。

关系行为的直接驱动因素包括感知行为控制和行为意愿,这与 TPB 在其他领域的研究结论保持一致,例如,Hameed et al.(2012)认为感知行为控制和行为意愿正向驱动 IT 创新技术采纳。由于关系行为不能强制性采用,因此重大工程参建方的行为意愿显得格外重要。此外,关系行为的采纳很大程度上由参建方的关系能力所决定,这要求项目参建方能通过与项目内外部相关方建立良好的关系而获取完成任务所需的资源和知识等。Ning(2014)亦从反面的视角支持这一观点,他们认为参建方缺乏关系能力将阻碍项目利益相关者之间的信息交换这一关系行为。

5.5.2 参建方过去合作经验对内部驱动路径的影响

从收集的数据可观察到,大多数的项目参建方(258 个样本中的 207 个)都与重大工程其他方有一定程度的过去合作经验,这间接验证了 Lu et al.(2015)的研究结论并论证了选取"过去合作经验"作为调节变量的必要性。根据表 5-6 中 H4 的验证结论可知:相比于重大工程参建方之间无过去合作经验($\beta = 0.126$),拥有过去合作经验能显著提高感知行为控制对关系行为意愿的正向作用($\beta = 0.319$),显著性水平为 0.05。Engwall(2003)认为项目参建方与其他方拥有过去

---

① 根据制度理论,合法性是指组织被环境所认可的程度。

合作经验有利于其将过去的经验应用到当前项目，这种经验能增强项目参建方对自身关系能力的信心，从而提升采取关系行为的意愿。相反地，倘若项目参建方之前无合作经历，它们需要重新了解对方的角色、行为方式、优势和弱势以及相互协调的方式等，这将影响在项目早期组织间相互沟通和信息交换的意愿。

另一个值得注意的结论是过去合作经验负向调节感知收益的态度与关系行为意愿之间的正向关系。具体而言，当组织间无过去合作经验（$\beta = 0.396$），感知收益的态度对行为意愿的正向作用显著高于当组织间存在过去合作经验时（$\beta = 0.103$），显著性水平为 0.001。这意味着与熟悉的参建方合作将降低参建方感知到的收益。一个可能的解释是感知到的收益在第一次合作后即被内化，且不会随着合作次数的增加而增大。例如，采纳关系行为的一项收益是与其他参建方建立社会网络，该收益在第一次合作后即已实现（即被内化）。这与 Hoang & Rothaermel（2005）的研究结论相似，他们认为企业联盟的经验对联盟绩效的正向作用呈现边际效应递减特征。类似地，感知到的收益将随着合作次数的增加出现边际收益递减现象。

5.5.3　重大工程文化对内部驱动路径的影响

表 5-7 的分析结论显示，当存在对抗性的重大工程文化时，感知风险的态度将显著降低采纳关系行为的意愿（H2）。Phua（2004）研究表明互相责备的项目文化将导致更多的潜在冲突和法律诉讼，从而增加采纳关系行为的交易成本。例如，在对抗性的项目文化中，重大工程参建方倾向去实现自身利益最大化，花费大量成本来防止自身被"利用"，如设计更加完整的合同，派遣更多员工监督项目实施，频繁地召开项目会议等，这种不信任的工作方式最终将产生更多的纷争和索赔（Rahman & Kumaraswamy，2004）。

5.6　研究结论与管理启示

组织间关系管理是取得项目成功的关键（Solis et al.，2013），尤其是在涉及众多项目参建方、复杂的利益相关者关系和高度不确定性的重大工程中，而重大工程参建方之间关系行为是关系管理成功的重要体现。为了促进组织间关系行为采纳，本章探索了参建方关系行为采纳的内部驱动因素和驱动路径。首先，基于 TPB 的理论模型，构建了包含 5 个社会心理学驱动因素和关系行为的重大工程组织间关系行为内部驱动模型，并提出了重大工程文化和参建方过去的合作经历可能对关系假设存在的调节作用。在理论模型构建完成后，采用 PLS – SEM 方法对收集的 285 个中国重大工项目管理人员回答数据进行了分析，再分别对理论模型的测量模型、结构模型及可能的调节作用及中介作用进行了验证，并对研究结论进行了讨论。

总体而言，重大工程组织间关系行为被行为意愿和感知行为控制两个因素直接驱动，同时，主观规范、感知行为控制和感知收益的态度通过行为意愿间接驱动关系行为，且它们的驱动作用由高到低排列。此外，参建方过去的合作经验这一参建方属性的调节作用显得尤为重要，一方面，它正向调节感知行为控制与行为意愿之间的正向关系；另一方面，反向调节感知收益的态度与行为意愿之间的正向关系。这些发现有利于重大工程参建方制定有效行为策略，以提高其在组织间关系建立、完善和管理过程中的参与度。

基于改进的 TPB 模型，本研究验证了社会心理因素对重大工程组织间关系行为的内部驱动作用，并得出了三个方面的管理启示。

首先，重大工程参建方需在项目开始之初识别出关系行为所能带来的短期和长期收益。由于感知到收益态度能正向促进行为意愿，因此参建方在对关系行为采纳作决策时，既需要考虑关系行为可能带来的短期收益，如提高绩效、减少冲突等短期收益，也需要考虑建立长期关系、提高声誉等长期收益。而且这种感知收益的态度需要在重大工程全生命周期过程中不断被高层管理者进行强化和监督，以保证关系行为实施的稳定性。

其次，重大工程投标人的关系能力应纳入评标标准。由于感知行为控制对关系行为意愿和实际行为具有双重驱动作用，评标人应该关注投标人各类"软实力"，如信息沟通能力、内外部社会资源和协调能力等，并纳入评价范畴（Ling & Ma, 2014）。而对于投标人，在项目经理遴选时应关注其关系能力，正如 Mazur et al.（2014）认为项目经理卓越的关系能力有利于其与利益相关方建立高质量合作关系，促进组织间的协调和协商。此外，考虑到过去合作经验对感知行为控制和意愿关系的正向调节作用，在投标人竞争实力相当的情况下，应优先考虑与招标人有过去合作经验的投标人，同时也需要采取监督措施避免工程腐败的发生。

最后,加强规范要素对重大工程参建方关系行为的影响。借助政府和社会公共机构建立和传播的关系行为相关规范,对参建方实施关系行为进行主动引导,并通过树立行为典范和开展效果展示增强参建方通过实施关系行为实现未来潜在价值的信心。建筑行业协会、咨询公司或 PMI 等国际知名项目管理知识体系中均缺乏对组织行为相关内容的关注,这大大弱化了主观规范对关系行为扩散的驱动作用。因此,未来行业协会应逐渐健全包含组织行为尤其是关系行为这类积极行为的项目管理体系,为整个领域形成良好的氛围提供制度性保障。此外,借助参建方行为的相互模仿机制,在重大工程中形成良性循环,实现在较大范围内提高参建方关系行为实施的积极性。

第6章 重大工程组织间关系行为的外部驱动机制：基于治理的视角

6.1 研究概述

新制度经济学指出组织的经济行为总是嵌入在外部环境中，并受外部环境的影响。因此，重大工程参建方的关系行为除受内部社会心理学因素的驱动外，亦受所处项目环境中各项治理机制的影响。渠道关系和供应链关系管理的研究已表明组织间关系的治理机制对关系行为的实施有显著作用（Luo，2002；Yang et al.，2011）。但是目前鲜有研究探讨中国重大工程情境中，不同治理机制对参建方组织间关系行为的有效性。

一般认为组织间关系治理需要采取合同治理机制和关系治理机制（Poppo & Zenger，2002）。合同治理机制是通过强调交易方之间遵守正式规则和合同从而避免不确定性（Lumineau et al.，2011）；相反地，关系治理机制是强调内在的道德控制，通过一致的目标和合作氛围来治理组织间交易（Lu et al.，2015）。合同治理主要是基于交易成本理论（Cannon et al.，2000），通过降低交易成本来维持组织间关系；而关系治理主要是基于关系交换理论，通过一些非正式机制（如信任）来维持和提升关系（Macneil，1980）。

在交易成本理论和关系交换理论的文献中，合同和信任机制对组织间关系和行为的影响已经被广泛研究（Yang et al.，2011），但是它们主要集中在发达国家的非建筑行业。Jap & Anderson（2003）提出组织间合同和关系治理的有效性需要考虑情景的特殊性，以下分别从三个方面分析中国重大工程情境特殊性。首先，建设项目是一些组织的临时性合作，它是临时的、唯一的、异质的、短期导向的，且缺少组织惯例，这些特点为组织间关系行为的实施带来了巨大挑战。其次，重大工程参建方之间具有关系高度不稳定性、信息高度不对称性的特点，这意味着很难提前明确各类合同条件，这将影响合同治理效果。最后，中国是一个高度注重人情关系（*guanxi*）的国家，且正在经历从计划经济向市场经济转型的阶段，这会对关系治理效果产生影响。基于以上要素形成了我国重大工程的独特情境，因此，急需通过定量化的方式明确合同治理和关系治理对重大工程组织间关系行为的外部驱动效果。

本章拟通过实证研究分析我国重大工程中不同治理机制，以及两种机制的耦合作用对参建方关系行为的影响。对于两种机制的相互作用，学术界一直存在争议，一些学者认为合同机制和关系机制是相互替代的，另一些学者认为两者是相互补充的（Wuyts & Geyskens, 2005），这两种相互冲突的观点同样需要在我国重大工程情境中进行探讨和明确。此外，项目不确定性作为重大工程情境的最显著特征，本研究将选择其作为项目治理机制和关系行为之间作用机制的一个重要调节变量。具体而言，本研究有三个研究目标：

①分析合同治理和关系治理两种外部驱动机制对重大工程组织间关系行为的影响；

②分析合同治理与关系治理的耦合作用对重大工程组织间关系行为的影响；

③比较不同程度重大工程不确定性对以上所提出的外部驱动路径的影响。

6.2 假设提出和理论模型构建

6.2.1 合同治理与关系行为

合同的强制性给予了一方制裁不遵守合同约定的另一方的权利。在重大工程中，若项目承包方或咨询方违反合同规定，业主有权要求索赔或法律裁决（Bai et al., 2016）。Lu et al.（2015）认为一个明确的合同被视为保护项目参建方的特定投资免受其他方机会主义行为"侵害"的主要保障。因此，对于涉及较长工期和需交付特殊资产的重大工程，合同能通过约束参建方行为保障组织间交易的顺利实施（Cannon et al., 2000），并减少组织间冲突和维持组织间关系（Malhotra & Lumineau, 2011）。详细的合同有助于交易双方了解彼此的角色和需求，减少对善意合作方产生误解的风险。因此，合同有助于减少潜在风险，从而增强组织间关系行为。此外，业主在合同中明确规定了承包商和咨询方需要达到的任务目标，从而使承包商和咨询方的偏好和目标与业主的保持一致，如此大幅减少了双方利益不一致的情况，这也将进一步加强重大工程参建方之间的关系行为。

Luo（2002）认为合同完整性包括"条款的明确性"和"条款的适应性"，这两方面内容共同为组织间关系行为的开展提供了约束性框架。基于此，本研究将探索合同的这两方面内容对重大工程组织间关系行为的不同作用。条款的明确性界定了各方的权利、义务、实施的原则、程序和方式等，从而减少了重大工程参建方实施过程中所面临的风险，这将鼓励组织间更多的关系行为（Poppo & Zenger, 2002）。

在重大工程合同中，合同条款的适应性通常描述合同双方相互明确的容忍区域或者规定了处理冲突和意外情况的原则、指南和可能的解决方案（Goo et al., 2009）。它提供了定制化的方法和应急程序来应对必要的调整，提高了合同实施过程中参建方行为的灵活性。尤其是当组织间产生冲突时，合同条款的适应性显得尤为重要，因为此时有争议的双方较少愿意主动协商来减少冲突和促进合作，更多是希望从自身利益出发争取权益，但条款的适应性将为冲突的有效解决提供依据，即条款的适应性反映了在项目建设过程中双方愿意为实现共同目标进行合同调整的共同期望（Goo et al., 2009）。因此，总体而言，在重大工程实施过程中，合同双方可以通过增强条款的明确性来降低重大工程参建方的逆向选择和道德风险，并通过增强条款的适应性来减少重大工程不确定性所带来的危害。当这些风险和危害降低时，重大工程组织间关系行为将得到增强。因此，本研究提出以下假设：

H1a：合同条款的明确性对重大工程组织间关系行为的实施产生正向作用。

H1b：合同条款的适应性对重大工程组织间关系行为的实施产生正向作用。

6.2.2 关系治理与关系行为

关系治理的理论基础是关系交换理论，该理论预测了信任与组织间关系行为的正向关联，合作方之间的信任和相互依赖有利于合作伙伴之间的灵活性、团结和信息交换（Lui et al.，2009；Wu et al.，2017）。高水平的关系治理意味着合作方之间有较多交互且较少强调合同，它不仅增强了组织间的相互适应性（Poppo & Zenger，2002），促进了联合规划，提高了组织间承诺，而且作为一种自加强保障可以减少组织间冲突（Brown et al.，2009；Uzzi，1997）。信任与关系行为之间的正向关联已经在许多领域得到实证支持。例如，Hewett & Bearden（2001）在跨国母子公司之间的关系研究中验证了信任与关系行为正相关，Morgan & Hunt（1994）也发现信任促进了多组织间关系营销上的合作。

在我国，信任的作用可能更为突出。由于缺乏健全的法律体系和稳定的监管机制，我国企业更多地依靠社会关系和信任来获得急需的资源或权益的保护。企业的商业行为也更多地依赖非正式关系和值得信赖的合作伙伴。Xin & Pearce（1996）指出在与中国企业的合作上，信任和信誉比法律框架更为重要。Chen & Partington（2004）表明中国的项目经理更愿意与客户建立和维持良好的个人关系，这也被认为是一个优秀的项目经理所必须具备的能力。因此，重大工程参建方保持良好的信任关系对于解决冲突、促进开放沟通和分享知识至关重要。对此，本研究提出如下假设：

H2：信任对重大工程参建方关系行为的实施产生正向作用。

6.2.3 合同治理和关系治理的相互作用

在组织间关系的治理中，交易双方一般同时采用合同和信任（Poppo & Zenger，2002），这看起来可行的治理组合引起了学术界的广泛讨论。一些学者认为两者不相容，另一些学者认为两者不仅兼容而且相互加强（Poppo & Zenger，2002）。这种差异和分歧使得是否需要同时强调组织间的合同和信任，以及它们的共同作用如何影响组织间关系行为变得不得而知。本章的研究并不是调和这两类相异的研究结论，而是从一个综合的视角来考察在重大工程组织间关系治理方面，合同和信任之间的兼容性，以及合同与信任的相互作用对重大工程组织间关系行为的作用。

实际上，合同和关系治理都有其自身局限和不足之处。Cao et al.（2015）指出合同治理有若干限制。首先，由于人的有限理性，制定一份完整的合同，包含所有可能发生突发事件的解决方法以及每一方所需开展的行为是不可能的

(Lewis & Roehrich，2009），因此管理者不能期待采用合同解决每一个问题，尤其是面对未来的变化。不完整的合同将使其法律约束力明显减少，因为它包含较少的条款或者这些条款是不可观察的和不可验证的（Woolthuis et al.，2005）。此外，合同的不完整性也可能带来歧义，为机会主义行为留下空间（Luo，2002）。再者，合同双方对条款的遵守程度可能不同，一些组织会严格地遵守合同条款，而另一些组织则灵活地使用合同条款，这种合同条款遵守程度上的不匹配将产生较多冲突并降低双方采取关系行为的意愿。相比而言，关系治理并没有成文的规定，在变革和冲突发生时可以通过相互理解和共同规范来保证关系的持续性（Macneil，1977），因而更具灵活性和适应性。但是，由于非正式机制不能正式编纂，因此会出现对合作方模糊的期望甚至相互的误解，从而破坏关系的协调性并可能引发机会主义行为。

基于两者的局限性，在同时使用合同和信任机制时，合同可以通过正式且明确的规定来补充信任，为信任这种非正式机制的应用奠定坚实的基础。相应地，信任支撑合同的有效执行，它通过鼓励关系的连续性和组织间合作促进合同的改进，并进一步支持组织间关系行为（Liu et al.，2009；Poppo & Zenger，2002；Lu et al.，2015）。因此，合同治理可以为重大工程提供制度性框架，信任可以弥补合同的不完整，两者相互补充能有效促进重大工程组织间关系行为。

最近的研究为合同与关系治理之间的相互关系提供了更为细致的分析（Cao & Lumineau，2015）。学者们认为合同与信任之间的相互补充和相互替代都是可能的，这取决于合同的内容、功能和面临的情境要素（Woolthuis et al.，2005）。例如，Malhotra & Lumineau（2011）认为合同的控制维度显示出对合作者的不信任，将损害合同双方间善意信任，而合约的协调维度则可能减少合同双方的误解并增强善意信任。他们还认为合同的控制和协调维度均能增强合同双方的能力信任，但是两者采用了不同的方式，控制维度迫使合作双方关注自身角色和责任，而协调维度则创造了一个共同的知识结构来促进信任的发展。

由于本书将合同视为一个二维构念，包括条款的明确性和条款的适应性，因而需要分开讨论。条款的明确性对重大工程参建方责权利的清晰界定是参建方在项目执行过程中相互信任的前提。虽然作为合同变更特征一部分的适应性合同条款可能会协助解决组织间的冲突和相互依赖性（Vlaar et al.，2007），但这些详细条款实际上可能对组织间信任和承诺产生负面的影响，进而影响组织间关系行为。Poppo & Zenger（2002）也发现，合同治理与关系治理的互补作用只是在一个总体水平上，需要更深入地对合同治理和关系治理的结果进行分析，以制定出更有效地促进组织间关系的治理机制。本研究提出如下假设：

H3a：合同条款的明确性与信任相互补充进而促进重大工程组织间关系行为。

H3b：合同条款的适应性与信任相互替代进而促进重大工程组织间关系行为。

6.2.4 项目不确定性的调节作用

重大工程的不确定性主要是指重大工程全生命周期中可能产生的变化和不稳定情形（Wang et al.，2011）。在不确定性存在时，合同治理和关系治理机制对项目参建方关系行为的影响可能会随着项目不确定性发生变化，但是目前的研究并没有统一的结论。Joshi & Campbell（2003）提出在动态和不确定的环境中，机会主义行为更容易发生，如此企业更有可能依赖合同治理而非关系治理。信任涉及承担风险并增加了关系的脆弱性，在不确定的市场条件下，企业会担心与其他合作伙伴相互信任可能带来的风险。相反地，Zwikael & Smyrk（2015）研究认为信任在不稳定的环境中更为有效，而控制机制（合同）在稳定的项目环境中更加有效，对复杂和详尽合同的过多依赖并不利于组织间关系的形成。Faems et al.（2008）通过分析合同治理与关系治理在联盟背景下的相互作用发现广义合同（灵活的合同）促进信任的形成和维持，而狭义合同（严苛的合同）阻碍信任的形成和维持，进而影响组织间关系行为。

重大工程的不确定性内容和程度不尽相同，在本书中我们考虑三种项目不确定性——外部环境不确定性、任务不确定性以及技术新颖性。第一，外部环境不确定性包括政策法规、规范、市场经济环境、施工环境变化及外部利益相关者的影响（Vidal et al.，2011；Xia & Chan，2012）。其中，政策法规环境变化主要包括政府对复杂建设项目的支持力度、知识产权保护程度和税收政策随时间的变动等。施工环境的复杂性体现在施工阶段项目实施受紧前工序施工进度状况、项目环境和气候状况等因素影响，这些均增加了项目的不确定性。而且，重大工程涉及多个外部利益相关者，如征地拆迁涉及周边居民，项目实施涉及城市中心区扰民问题，由此导致的不确定性更是无法预知。第二，任务的不确定性来自大量的参与主体专业分工的高度差异化和相互依赖性，这为管理者知识和技能整合并形成合适的任务策略造成了难度。此外，重大工程的复杂性导致了项目参建方对任务的多重理解甚至是相互冲突的理解。再者，参建方之间复杂的相互依赖关系使各方各自的分布式决策对项目整体任务绩效的影响难以预测。任务的不确定性是执行任务所需的信息量与组织已经拥有的信息量之间的差异，不确定的任务表现出非常规和复杂性，且不能被预先计划。由于不确定性的任务环境，重大工程通常需要更长的时间才能完成。第三，重大工程的技术创新性带来的不确定性往往由于传统施工方案无法满足预定要求，需要在设计和施工过程中逐渐发现问题并解决问题，这些新技术在大型项目中的实施使项目成功系数降低。

从新古典主义的契约理论的角度来看，应对不确定性的最佳方式是制定更加明确的合同。合同条款的明确性将通过交易方之间清晰的条款界定消除可能存在的歧义（Luo，2002），增强对关系行为实施的保护。合同条款的适应性是根据不同情境设计条款，并使其随环境的变化而有所不同。这种更广泛和完整的合同是应对变动和模糊性问题的有效方法。

当参建方预期会遭遇持续或长期的不确定性时，机会主义行为可能增加（Katsikeas et al.，2009），因为项目不确定性的主要挑战之一是获得信息，根据交易成本理论，信息不对称更容易引起机会主义行为（Williamson，1975），即参建方推卸责任和违反协议寻求自己利益最大化。因此，通过合同条款的明确性对各方的责权利进行清晰的界定显得尤为重要。然而，合同越完整它的灵活性和适应性越差，事后必须重新谈判以适应变化，这大大减弱了合同所具备的保护能力。合同条款的适应性即通过对未来可能发生情形进行原则性规定，有利于在发生突然情况时进行灵活处理。研究提出如下假设：

H4a：重大工程不确定性越高，合同条款的明确性对项目参建方关系行为正向影响越弱。

H4b：重大工程不确定性越高，合同条款的适应性对项目参建方关系行为正向影响越强。

相比之下，信任作为一种自我加强的保护措施，是合同治理的一种有效和低成本的替代方案。关系治理提供了灵活性来应对项目全生命周期过程中不可避免的不确定性。这种灵活性有助于减少不确定性下的交换风险，并加强重大工程参建方对特定资产投资的承诺（Luo，2002）。如此，信任机制有利于重大工程参建方应对不可预见的外部环境、技术和任务变化。基于此，本研究提出以下假设：

H5：重大工程不确定性越强，关系治理对项目参建方之间关系行为的正向作用越强。

根据以上研究假设，可以提出以下的重大工程组织间关系行为的外部驱动模型，见图6-1。

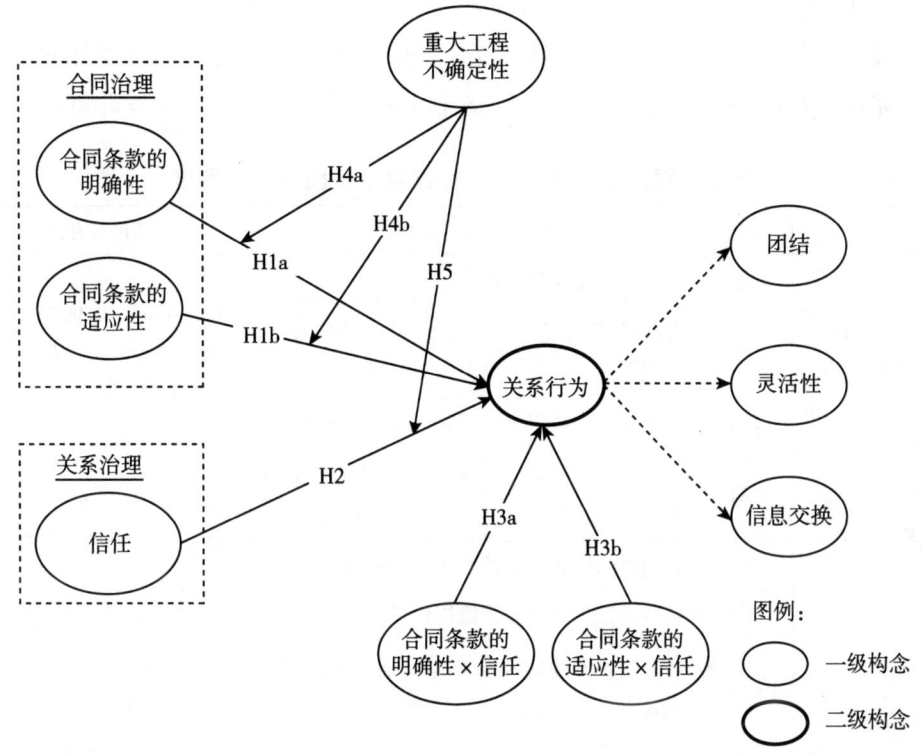

图6-1　重大工程组织间关系行为的外部驱动模型

6.3　问卷设计与变量测度

理论模型中各变量的测量指标主要来源于合同治理和关系治理相关理论和实证研究文献，以保证测量指标的内容效度，然后再根据重大工程情境进行相应的调整，各变量测度的文献依据如表6-1所示。具体而言，合同治理分为"合同条款的明确性"和"合同条款的适应性"两个一级构念，分别包括三个和两个测量指标，主要是基于Fryxell et al.（2002）和Jap & Ganesan（2000）对合同内容的分类和测度。关系治理主要是基于Lu et al.（2015）对信任的测度，共包括五个题项,用以反映了重大工程参建方对其他合作方的信任程度。重大工程组织间关系行为的测度与第 5 章相同,同样为一个二级构念,包括三个一级构念,分别是团结、灵活性和信息交换,在此不再赘述。项目的不确定性借鉴 Yan & Dooley(2013)对项目不确定的测度,通过三个指标分别反映项目外部环境、技术和任务的不确定程度。对自变量、调节变量和因变量的测量题项均采用李克特五点量表方式进行测量,即 1 = 非常不同意;3 = 一般;5 = 非常同意。

表 6-1　重大工程组织间关系行为外部驱动模型中变量测度

变量	编码	测量题项(指标)	参考文献
合同条款的明确性(TS)	TS1	处事依据主要是书面合同	Goo et al.(2009)、Jap & Ganesan(2000)、Luo(2002)
	TS2	合同中明确规定了工作内容(工作范围、工作安排、工作职责及服务目标)	
	TS3	合同中明确规定了奖惩和风险分担机制	
合同条款的适应性(CA)	CA1	合同中明确规定了对非预见突发情况的处理方式	Goo et al.(2009)、Jap & Ganesan(2000)
	CA2	合同中明确规定了冲突矛盾的解决方法	
信任(TR)	TR1	其他项目参建方非常值得信任	Lu et al.(2015)
	TR2	其他项目参建方在与我方协商时表现得非常公正	
	TR3	其他项目参建方能遵守承诺	
	TR4	其他项目参建方有很好的声誉并且值得依赖	
	TR5	相信其他项目参建方提供的信息	
重大工程不确定性(PU)	PU1	外部环境不确定性较高,包括政策法规、规范、市场经济环境、施工环境变化及外部利益相关者的影响	Yan & Dooley(2013)
	PU2	任务不确定性较高,包括任务范围不确定和任务间高依赖性	
	PU3	技术不确定性较高,包括高难技术的知识、资源与技能的可获得性和应用风险	

考虑参建方组织性质及项目特征对重大工程组织间关系行为的影响,本章将包括六个控制因素,分别是项目投资、项目工期、项目类型、项目交付模式、

参建方角色和项目参建方与合同签订方以前的合作经验。首先，项目投资和项目类型意味着不同程度的项目复杂性，现有研究 Ning & Ling（2015）认为项目复杂性会对关系行为产生影响。其次，项目工期长度直接影响组织间关系的形成和发展，进而影响组织间关系行为。再次，不同的项目交付模式反映了参建方之间不同的工作模式，如 EPC 和 DB 产生的原因之一就是克服传统 DBB 模式下组织间相互分裂而难以协调的问题，EPC 和 DB 交付模式下参建方之间的关系行为可能会明显高于在 DBB 模式下。最后，项目参建方之间过去的合作经验可能通过组织间信任对关系行为产生影响。

这五个控制变量分别采用虚拟变量进行测度。项目投资规模划分为"10 亿元至 50 亿元"和"50 亿元以上"两个类别，分别取值为 1 和 2。项目工期划分为"工期 2～3 年"和"工期 3 年以上"两项，分别取值为 1 和 2。项目类型划分为十个类型，包括交通枢纽工程、道路工程、桥梁工程、地铁工程、铁路工程、机场工程、水利水电工程、摩天大楼、大型赛事会展设施和公共项目（如医院和文化中心等），分别取值为 1～10。项目交付模式划分为 DBB、DB、EPC 和其他，分别取值为 1～4。回答者同时需要回答所在组织与该项目合同签订方以前是否有合作经历，0 表示无合作经历，反之为 1。参建方角色划分为六种类型，包括业主（含政府相关人员）、监理单位、设计单位、施工总承包单位、专业分包单位和项目管理咨询单位，分别取值为 1～6。

6.4 分析与结果

本章的样本选取和数据收集见本书第 3.3.2 部分，调研过程和对象均保持一致，因此不再重复。鉴于重大工程业主是合同的委托方，而其他参建方（咨询方和承包方）为项目的受托方，两者的权力（power）有较大差异，为避免结果偏差，本研究只考虑受托方（咨询方和承包方）的样本，而未考虑来自业主的 83 份问卷，最终样本量为 202 个。基于样本数据，本节主要基于组织间关系治理的视角对重大工程组织间关系行为的外部驱动模型进行验证性因子分析，并通过层次回归法分析不同治理机制及其与重大工程不确定性的交互作用对组织间关系行为的影响。

6.4.1 测量模型的信度与效度分析

根据 Anderson & Gerbing（1988）提出的方法，通过采用 PLS 进行验证性因子分析来评估构念的信度和效度。测量模型评估结果如表 6-2 和表 6-3 所示，主要有三个结果：①各题项在所测变量上的因子载荷值均高于 0.7（表 6-2 加粗数值），且 t 值大于判别值 2.58（即 $p<0.001$），表明测度项的可靠性是可接受的（Hair et al., 2014; Ning & Ling, 2013）；②CR 值大于 0.7，表明每个构念的信度均在控制水平之上（Hair et al., 2014）；③所有变量的 AVE 值均大于 0.5，表明构念具有良好的收敛效度（Hair et al., 2014）；④每个测量题项对其所测变量的标准化因子负荷值大于与其他变量的因子负荷值，即不存在交叉因子载荷，且根据表 6-3 的结果，每个构念的 AVE 平方根（加粗数值）均高于它与其他构念相关系数的绝对值，表明构念具有良好的区分效度。

表 6-2 重大工程组织间关系行为外部驱动模型的因子载荷

变量（构念）	测度题项	标准化因子载荷							t 值
		TS	CA	TR	RBS	RBF	RBI	PU	
合同条款的明确性（TS）	TS1	**0.84**	0.45	0.35	0.32	0.26	0.33	0.12	27.51
	TS2	**0.84**	0.55	0.36	0.36	0.15	0.28	0.04	28.33
	TS3	**0.74**	0.67	0.5	0.28	0.18	0.25	0.19	14.87
合同条款的适应性（CA）	CA1	0.57	**0.94**	0.43	0.31	0.18	0.31	0.04	63.18
	CA2	0.67	**0.89**	0.43	0.24	0.13	0.24	0.13	31.5
信任（TR）	TR1	0.3	0.27	**0.69**	0.17	0.28	0.32	0.19	13.51
	TR2	0.34	0.28	**0.71**	0.31	0.29	0.25	0.18	16.31
	TR3	0.42	0.39	**0.76**	0.38	0.33	0.26	0.3	21.03
	TR4	0.36	0.37	**0.65**	0.22	0.17	0.21	0.26	11.79
	TR5	0.38	0.41	**0.82**	0.31	0.32	0.43	0.18	32.2
团结（RBS）	RBS1	0.35	0.26	0.32	**0.85**	0.17	0.32	0.09	35.31
	RBS2	0.27	0.21	0.27	**0.71**	0.1	0.22	0.03	15.13
	RBS3	0.34	0.26	0.35	**0.85**	0.25	0.37	0.12	43.27
灵活性（RBF）	RBF1	0.23	0.14	0.36	0.2	**0.92**	0.31	0.14	67.49
	RBF2	0.22	0.18	0.36	0.21	**0.93**	0.36	0.13	98.13

续表

变量 （构念）	测度 题项	标准化因子载荷							t 值
		TS	CA	TR	RBS	RBF	RBI	PU	
信息交换 （RBI）	RBI1	0.27	0.2	0.27	0.27	0.26	**0.76**	0.12	20.11
	RBI2	0.31	0.24	0.38	0.37	0.29	**0.87**	0.06	44.22
	RBI3	0.28	0.29	0.35	0.29	0.34	**0.81**	0.07	24.33
重大工程不 确定性（PU）	PU1	0.12	0.1	0.21	0.06	0.09	0.07	**0.68**	3.16
	PU2	0.06	0	0.22	0.09	0.12	0.1	**0.85**	4.42
	PU3	0.15	0.13	0.28	0.09	0.12	0.04	**0.78**	4.2

注：加粗部分指各测量题项在所测变量上的因子载荷值。

表6-3 重大工程组织间关系行为外部驱动模型的相关系数矩阵

变量（构念）	AVE	CR	相关系数矩阵						
			TS	CA	TR	RBS	RBF	RBIE	PU
合同条款的明确性 （TS）	0.66	0.85	**0.81**						
合同条款的适应性 （CA）	0.83	0.91	0.67	**0.91**					
信任（TR）	0.53	0.85	0.49	0.47	**0.73**				
团结（RBS）	0.65	0.85	0.40	0.30	0.39	**0.81**			
灵活性（RBF）	0.86	0.92	0.24	0.17	0.39	0.22	**0.93**		
信息交换（RBIE）	0.66	0.85	0.36	0.30	0.41	0.38	0.36	**0.81**	
重大工程不确定性 （PU）	0.60	0.82	0.14	0.09	0.30	0.11	0.14	0.10	**0.77**

注：CR 为组成信度；对角线中的加粗部分为平均方差萃取值（AVE）的平方根。

6.4.2 假设验证

（1）主效应验证

基于重大工程组织间关系行为问卷调研数据以及上述测度模型的验证，本书采用层次回归分析对理论模型的假设进行检验，结果如图6-2所示。在具体分析过程中，首先，单独考察项目投资、项目工期、参建方角色、项目类型、项目交付模式和项目参建方与合同签订方以前的合作经验六个控制变量对关系行为的影响，随后在回归模型中逐步加入了自变量（合同条款的明确性、合同条款的适应性、信任）、调节变量（重大工程不确定性）和交互项（合同条款的明确性×信任，合同条款的适应性×信任，合同条款的明确性×重大工程不确定性，合同条款的适应性×重大工程不确定性，信任×重大工程不确定性），其中，交互项的计算是先将自变量和调节变量进行中心化，再将中心化之后的数值相乘以得到交互性，以此降低多重共线性问题。层次回归分析计算结果如表6-4所示。随着变量的不断加入，模型的 R^2 逐渐上升，表明模型的解释程度逐步得到提高（模型3除外）。在分析过程中，各变量的方差膨胀因子（variance inflation factor，VIF）处于1.041~3.457之间，均低于或略大于判别值3.0。这表明，层次回归分析结果并不会受到多重共线性问题的显著影响（Cohen et al.，2003）。

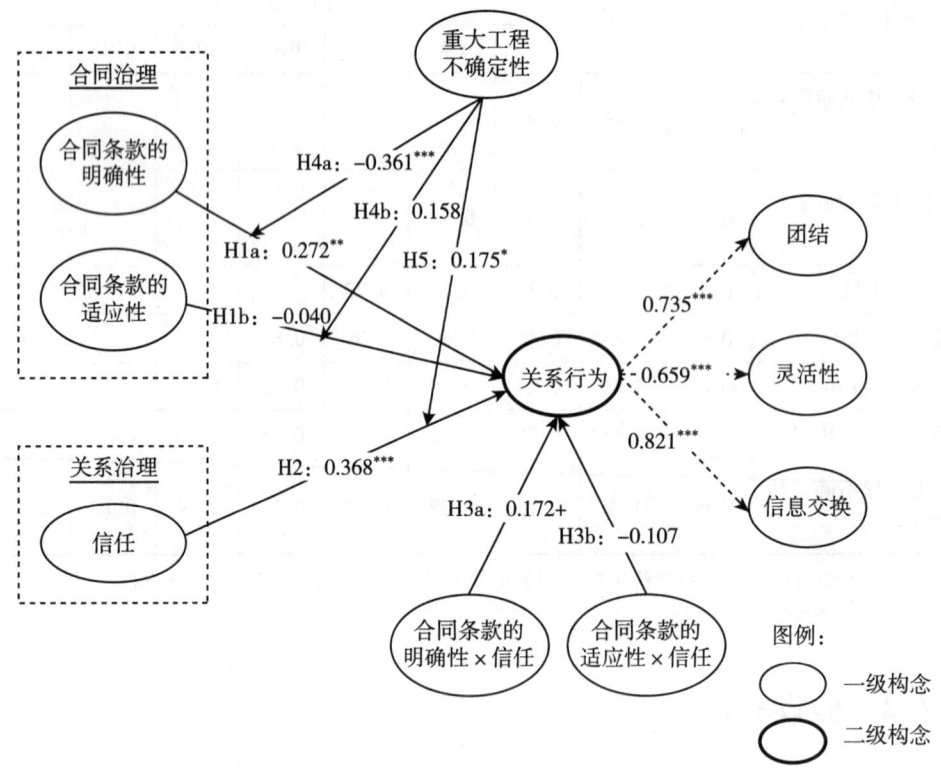

图6-2 重大工程组织间关系行为外部驱动模型的检验结果

表6-4结果显示，在不考虑其他变量的情况下（模型1），所有控制变量对参建方关系行为的方差解释量为0.089。从各控制变量单独的影响作用来看，控

制变量中项目投资额（$\beta = -0.159$，$p < 0.05$）对参建方关系行为有显著的负向作用，这意味着重大工程投资额与参建方关系行为成负向关系。项目工期（$\beta = 0.133$，$p < 0.1$）[①] 对参建方关系行为有显著的正向作用，这意味随着项目工期增长，组织间关系行为将增加。项目类型（$\beta = 0.188$，$p < 0.01$）和参建方角色（$\beta = -0.119$，$p < 0.1$）同样对参建方关系行为有显著的正向作用，这意味着一方面，较之于公共项目，在交通枢纽等基础设施项目中参建方的关系行为更为普遍；另一方面，较之于专业分包单位和项目管理咨询单位，监理单位和设计单位表现出更频繁的组织间关系行为。然而，项目交付模式（$\beta = -0.026$，$n.s.$）、参建方之间过去的合作经验（$\beta = 0.069$，$n.s.$）对参建方关系行为无显著影响。在回归模型中加入合同条款的明确性、合同条款的适应性和信任之后（模型2），回归模型对参建方关系行为的方差解释度从 0.089 增加到了 0.353（$\Delta R^2 = 0.263$，$F = 11.621$），表明构建的模型可以对参建方关系行为进行较好的解释。从各路径的标准回归系数看，合同条款的明确性（$\beta = 0.272$，$p < 0.01$）和信任（$\beta = 0.368$，$p < 0.001$）与参建方关系行为存在显著的正相关关系，验证了假设 H1a 和 H2，然而，合同条款的适应性与参建方关系行为之间的关系不具有统计上的显著性（$\beta = -0.040$，$n.s.$），因此，H1b 未得到验证。

（2）重大工程不确定性的调节作用

在验证项目不确定性的调节作用之前，模型 3 验证了重大工程不确定性对参建方关系行为的影响，从表 6 - 4 中的回归结果可得，重大工程不确定性对参建方关系行为并无显著影响（$\beta = 0.002$，$n.s.$）。从回归模型 2 到模型 3，各变量对参建方关系行为的方差解释度无增加（$\Delta R^2 = 0.000$，$F = 10.404$）也进一步验证了这一结论。然而，这并不影响重大工程不确定性的调节作用。

在模型 4 中，首先，分析了合同治理与关系治理的交互作用对参建方关系行为的影响，回归结果显示合同条款明确性与信任是相互补充的关系（$\beta = 0.172$，$p < 0.1$），而合同条款适应性与信任之间无显著互补或者替代关系（$\beta = -0.107$，$n.s.$）。其次，对重大工程不确定性的调节作用分析可知：它负向调节合同条款明确性与参建方关系行为之间正向关系（$\beta = -0.185$，$p < 0.001$），验证了假设 H4a，即重大工程不确定性越高，合同条款的明确性对参建方关系行为的促进作用越弱；然而，它对合同条款的适应性与参建方关系行为之间关系的调节作用

---

① 一般认为，$p = 0.05$ 为最低显著性判别值，但实际研究中，部分学者认为，为了更充分地解释研究模型，对于关键路径系数显著性判别可以使用 $p = 0.1$ 的判别值（Martins et al., 2002）。

并不显著($\beta=0.158$, $n.s.$),H4b 未得到验证。最后,重大工程不确定性正向调节信任与参建方关系行为之间正向关系($\beta=0.175$, $p<0.05$),因此,H5 得到验证。根据交互图的绘制方法,图 6-3 和图 6-4 直观描绘了不同重大工程不确定性水平下,合同条款的明确性对参建方关系行为的影响,以及信任对参建方关系行为的影响。

表 6-4　重大工程组织间关系行为外部驱动模型的层次回归结果[a]

变量	模型 1		模型 2		模型 3		模型 4	
	β	VIF	β	VIF	β	VIF	β	VIF
控制变量								
项目投资	-0.159*	1.308	-0.089	1.327	-0.089	1.342	-0.112+	1.406
项目工期	0.133+	1.254	0.021	1.351	0.021	1.374	0.036	1.387
项目类型	0.188**	1.041	0.101+	1.087	0.101+	1.087	0.080	1.109
参建方角色	-0.119+	1.064	-0.111+	1.071	-0.111+	1.072	-0.086	1.128
项目交付模式	-0.026	1.046	-0.075	1.079	-0.075	1.081	-0.077	1.092
以前合作经验	0.069	1.088	0.036	1.104	0.036	1.104	0.031	1.141
自变量								
合同条款的明确性			0.272**	2.231	0.271**	2.233	0.241**	2.307
合同条款的适应性			-0.040	2.077	-0.039	2.088	-0.030	2.277
信任			0.368***	1.525	0.367***	1.681	0.344***	1.730
调节变量								
重大工程不确定性					0.002	1.137	0.054	1.208
交互项								
合同条款的明确性 × 信任							0.172+	2.663
合同条款的适应性 × 信任							-0.107	2.701
合同条款的明确性 × 重大工程不确定性							-0.361***	3.415
合同条款的适应性 × 重大工程不确定性							0.158	3.457

续表

变量	模型1 β	模型1 VIF	模型2 β	模型2 VIF	模型3 β	模型3 VIF	模型4 β	模型4 VIF
信任×重大工程不确定性							0.175*	1.482
R^2	0.089		0.353		0.353		0.411	
F value	3.185**		11.621***		10.404***		8.637***	
ΔR^2	0.089		0.263		0.000		0.058	
F value（change）	3.185**		26.040***		0.001		3.656**	

注：[a] $N=202$，回归系数为标准回归系数；*** 代表 $p<0.001$，** 代表 $p<0.01$，* 代表 $p<0.05$，+ 代表 $p<0.1$。

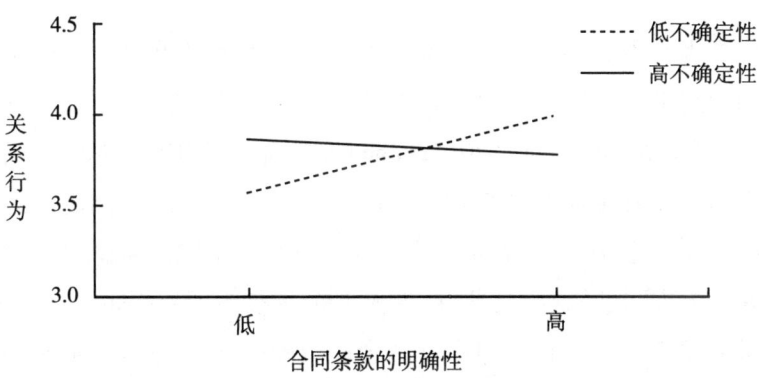

图6-3　不同不确定性水平下合同条款的明确性对关系行为的影响

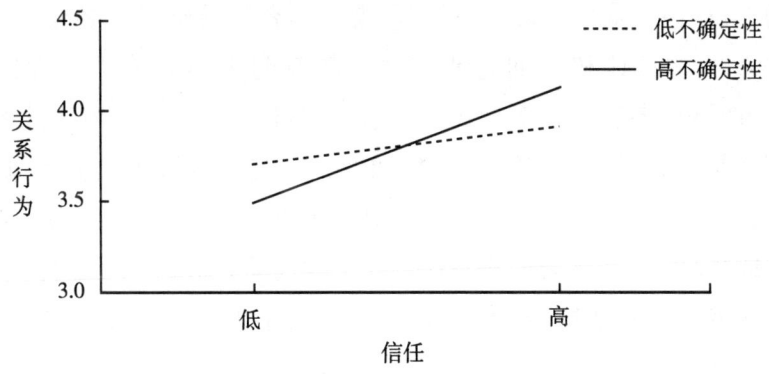

图6-4　不同不确定性水平下信任对关系行为的影响

6.5　结果讨论

基于交易成本理论和关系交换理论，本章验证了合同治理和关系治理两种外部驱动机制及其相互作用对参建方关系行为的影响，并揭示了重大工程不确定性作为情境因素对不同外部治理机制驱动有效性的影响，这有助于理解和认识重大工程参建方采取关系行为的外在机制、交互性和情景化特征。

6.5.1　合同治理对关系行为的驱动作用

对 H1a 的验证结论表明，合同条款的明确性能促进重大工程参建方关系行为。通过明确规定各参建方的权利和义务，合同治理机制将有效减少可能的机会主义行为（Cao & Lumineau，2015；Zhou & Poppo，2010）。基于合同机制的保护，重大工程参建方更愿意共享信息、团结合作和灵活应对问题。这与 Goo et al.（2009）在信息技术项目外包中研究结论一致，他们认为在项目外包时应制定结构良好、内容明确的合同，这将为大型企业参与项目提供一张"安全网"，使参建方可依赖正式的、有法律保障的合同。此外，经济学领域 Klein（1996）的研究亦认同正式合同可以加强关系行为的自我执行性。

然而，H1b 并没有得到支持，即合同条款的适应性不能显著影响组织间关系行为。这进一步验证本研究对不同合同内容开展研究的必要性。虽然在合同中纳入非常具体和详细的情境性条款有利于建立更加全面的"安全网"，但同时这些条款可能对组织间信任和承诺产生不利影响。此结论的一个可能解释是重大工程的高度不可预知性，不宜采用过于周密计划的合同。随着重大工程的持续推进，面临的情境复杂多变，重大工程合同变更或者冲突解决更多是在双方或者多方的相互协调和持续互动的状态下通过谈判实现，而非是遵循一定标准化的程序和方法在重大工程合同中提前约定得以实现。正如 Goo et al.（2009）认为交易的变化特征削弱了合同治理对关系行为的积极影响。

6.5.2 关系治理对关系行为的驱动作用

关系治理对重大工程组织间关系行为有显著的积极作用，且高于合同条款的明确性所带来的外部驱动作用。这与其他领域关系行为相关研究结论类似，例如，Wu et al.（2017）通过对中国高科技企业的合作研发项目的实证研究表明关系治理比合作研发合同更有利于组织间合作。Lee & Cavusgil（2006）认为关系治理比合同治理更有利于提高联盟绩效。虽然合同条款的明确性和关系治理机制均对参建方的关系行为有积极影响，但重大工程高度的不可预测性、合同制定和实施的高交易成本、信息不对称使关系治理机制比重大工程合同更为重要。

另一个解释关系治理比合同关系影响更大的原因是中国的"关系"（*guanxi*，特指中国式的人情关系）情境。比起采用合同机制，中国企业更习惯使用信任这种可以基于"关系"的治理方式。Su & Littlefield（2001）指出"关系"是功利性地发展友谊，通过个人关系或社会联系在商业社会中分享资源。因此，个人关系或社会联系被认为是在中国获取重要或关键资源必不可少的联系，而拥有关键资源的企业更值得被信任。尽管 Guthrie（1998）认为在中国使用关系或社会网络的意义和重要性正在逐渐下降，但鉴于重大工程的政治和社会意义以及参建方的国有企业属性，中国的"关系"文化仍然决定了在驱动关系行为这种非强制性和自觉履约性行为时，关系治理比合同治理更为有效。

6.5.3 关系治理和合同治理相互耦合的驱动作用

本研究实证验证了合同条款的明确性与信任是相互补充以促进重大工程组织间关系行为，此外，合同条款的适应性与信任既不是相互替代亦不是相互补充关系。该研究将合同内容进行了分类讨论，因此是 Poppo & Zenger（2002）和 Luo（2002）研究的延续。对于后一个结论，一种可能的解释是条款的适应性意味着对更多可能发生的情景进行了预先的规定，这对受托方（重大工程承包商和咨询方）而言意味着不信任，但关系治理是基于信任，而两者又非相互替代，因为无论考虑了多少种情境的合同都不可能是完整的，需要信任机制进行有效协调。

关于关系治理与合同治理的相互关系，不同领域的研究结论相差较大。Li et al.（2010）认为两者机制的相互关系与制度相关，结论显示在中国企业间合作时，合同和关系治理机制是相互替代的，但在国内企业与国际企业合作时，这两种机制无显著的替代和互补关系，这种差异可能是由于中国管理人员将严格的正式控制视为合作伙伴之间不信任的信号，而西方管理人员则偏好以正式协议作为管理合作伙伴关系的基本框架（Lovett et al.，1999）。但本研究的结论验证了合同治理与关系治理的相互关系亦与合同内容相关，不可一概而论。

然而，根据 H3a 的研究结论，合同条款的明确性与组织间信任有明显的互补关系，共同促进重大工程组织间关系行为，这意味着两种治理机制对关系行为驱动各有其独特作用。严格的合同在参建方发生冲突时无法保证双方关系行为持续互惠性和持续性，但信任通过促进持续的交流和灵活的问题处理来弥补合同治理适应性不足的问题。因此，这两种治理机制相互依赖来最大化组织间关系行为。明确的合同与高水平的关系治理密切相互，而高水平的关系治理倾向于采用更明确的合同。Poppo & Zenger（2002）研究表明：随着合同条款变得越来越复杂和明确，管理者倾向于采用更高水平的关系治理，并且在采取更大程度的关系治理时亦会加强合同复杂性。Yang et al.（2011）亦认为组织间合同治理与信任相互结合可以极大地提高组织间关系行为并形成长期关系。

6.5.4 项目不确定性对治理驱动有效性的影响

H4a 和 H5 的研究结论显示：重大工程不确定性越高，合同条款的明确性对参建方关系行为的促进作用越弱；相反的，信任机制对参建方关系行为的促进作用越强。重大工程业主制定详细合同的成本很高且无法做到完整，随着环境的变化和信息不对称性的存在，明确的参建方职责、范围和权限无法满足项目实施需要，常需进行调整，然而合同的强制性会给当事人带来不可避免的冲突和矛盾，降低参建方相互沟通、团结和灵活处理事件的可能性。该结论与 R&D 研发项目领域 Wu et al.（2016）的结果相似，在高度不确定性的环境下，项目经理可能依赖于非正式机制来培养参建方之间的相互信任，从而促进组织间的非正式和快速沟通；当不确定性很高时，企业采用关系治理而非正式合同来灵活适应环境变化，尤其是由于技术的变革所产生的动荡。而对于既有外部环境动荡，也有技术和任务变动的重大工程，关系治理能更有效驱动参建方关系行为。

6.6 研究结论与管理启示

从治理的角度来看，重大项目的成功运作主要依靠适当的正式治理和非正式机制。而作为正式治理机制代表的正式合同以及非正式机制代表的信任机制主要通过影响重大工程参建方行为，进而影响项目成功。基于此，本研究探索了两类不同治理机制对重大工程组织间关系行为的影响。本研究集成交易成本理论和关系交换理论，构建了包含合同治理机制、信任机制以及关系行为的五个关系假设，并提出了重大工程不确定性这一情境变量对关系假设的调节作用。在理论模型构建完成后，采用层次回归分析法对中国重大工程受托方（承包方和咨询方）的 202 位管理人员调研数据进行了分析，并分别对理论模型的信度、效度及调节作用进行了验证，对相关结论进行了讨论。

研究结论显示重大工程业主与受托方之间合同条款的明确性以及信任机制作为外部驱动机制有利于组织间关系行为的实施，而合同条款的适应性与参建方关系行为之间无显著关系。此外，重大工程的不确定性作为情境变量对以上关系的调节作用也显得尤为重要，一方面，它正向调节信任与参建方关系行为之间的正向关系；另一方面，它反向调节合同条款的明确性与参建方关系行为之间的正向关系。这些发现有利于重大工程业主制定与情境相符的关系行为治理策略，以促进承包方和咨询方的关系行为实施，同时，承包方和咨询方也可根据重大工程治理机制制定相应的关系行为策略，以提高任务绩效和团队合作。

本章基于项目治理对重大工程参建方关系行为的外部驱动机制研究可得出三方面的管理启示。

第一，由于本研究通过实证验证了合同条款的明确性能显著促进组织间关系行为，合同条款的适应性对组织间关系行为无显著作用，因此，一方面，重大工程业主应制定当事人权责利界定明确的合同条款，消除可能存在的歧义，为关系治理提供法律保障并促进组织间关系行为；另一方面，鉴于重大工程实施过程的不可预知性，合同条款不宜过于复杂且对可能涉及的冲突和特殊情况进行面面俱到的详细设计，这将增加交易成本且并不利于促进组织间关系行为。

第二，当重大工程存在高度不确定性时，业主应有意识地降低合同条款的明确性并增强组织间信任。传统观点认为管理者应该制定明确的合同来遏制合作方的机会主义行为并促进协调（Poppo & Zenger，2002；Wuyts & Geyskens，2005），然而，本研究结果表明不确定性会遏制合同条款的明确性对关系行为的促进作用。因此，在重大工程不确定性较高时，一旦在合同中明确了参建方权责利后，不必对合同制定过于详细和严格，重点应加强对组织间信任机制的建立。

第三，重大工程参建方必须重视关系治理，关注通过信任培养促进组织间关系行为，它有利于促进参建方之间双赢或者多赢，激发共同寻求利益的关系行为（Zhou & Poppo，2010）。研究结论同样对其他国家参建方参与中国重大工程有一定的指导意义，重大工程参建方应关注通过信任培养促进组织间关系行为。具体而言，重大工程参建方有以下几种提高组织间信任的途径：

①提高声誉。声誉信息的存在和传递会影响业主对服务方的预期，甚至决定业主对参建方的选择。声誉是企业的无形资产，一个企业为了获得良好的声誉，往往付出了资本和劳动，所以，一般而言企业会在项目交易中继续维护已有的声誉（Wood et al.，2002）。施信方一般会对具有良好声誉的企业给予信任，因为这种企业被认为是可靠的。因此，如果投标方在过去的项目中形成了自身良好的声誉，那么业主会根据它的声誉来预测未来的行为，声誉良好会给业主带来信任，增加合作的可能性。

②建立关系网络。关系网络可以传递信任，使原本没有过合作的两个合作者之间建立信任，而且这种信任具有较强的说服力。建立关系网络类似于通过提高声誉进而生成信任。

③提升服务能力。服务能力是指与服务内容有关的生产、管理、技术知识或者专业能力等方面的能力，也就是为了完成合作双方任务的工作能力。服务能力越强，在合作中潜在的风险就越小，双方达成目标的可能性就越高，而风险的降低有助于双方之间信任的生成。此外，能力强的企业在合作中会更受交易合作方的关注，对方也愿意在项目中相互支持，甚至在项目结束后继续进行新项目的合作（如上海建工由于在上海南站项目中的出色表现，之后又参与了

同一业主的上海虹桥枢纽项目），所以服务能力是被信任的基础。

④资源共享。资源共享是使合作双方团结在一起的纽带，是一种承诺，通过资源共享可以加深双方之间的了解程度，平衡双方之间的信息误差，有利于双方信任的生成。

在重大工程的不同阶段，影响信任产生的机制可能不同。例如，在初始阶段，可能侧重声誉、服务能力等要素，在持续阶段，可能更侧重资源共享等因素。因此，在不同阶段，重大工程参建方可采取不同的组织间信任培育机制，以保持信任的稳定性和持续性。

第 7 章 重大工程组织间关系行为对项目绩效的影响

7.1 研究概述

组织行为学认为,行为的直接结果是绩效(Kahya,2009)。作为一种积极行为,关系营销相关研究中已有大量文献指出关系行为能提升组织绩效和合作绩效。例如,在渠道关系领域,关系行为能给买方和卖方以及供应链整体绩效带来显著的促进作用(Srinivasan et al.,2011);在 IT 技术开发项目中,Lundin et al.(2015)研究表明关系行为可促进项目成功。目前在工程建设领域亦有研究表明关系行为能提高项目绩效的不同方面,如灵活性有利于加快项目工期(Ning & Ling,2014)。在重大工程领域,重大工程的高度不确定性和复杂性使得参建方关系行为对减少项目绩效损失具有突出意义,然而,目前关于关系行为对重大工程项目绩效的影响缺乏清晰的论证。

需要指出的是,组织间关系行为是一种非完全利他行为,该类行为的实施需要付出额外的时间、精力和成本去维护多方关系,倘若不能付出有所收获,这种积极行为很难保持可持续。因此,参建方实施该行为的一个重要目的仍是提高自身绩效。在重大工程中,参建方之间保持灵活的协同,建立和维护和谐的关系,这种主观意愿上的积极可以大大提高参建方之间客观的、积极的、跨越边界的交互与集成;同时,维持关系意味着参建方改进项目实施,必要时投入更多的时间和资源完成项目交付,积极与其他相关参建方保持有效沟通,可以更加高效地完成本团队的任务交付(参建方任务绩效)。考虑建设项目临时性特征,关系行为的收益可能在未来得到体现,即各参建方在项目中实施的关系行为不仅对本次项目成功有积极作用,并且对今后开展相关项目的合作提供有利帮助(参建方关系绩效)。此外,关系行为能减少信息不对称并增强参建方之间的相互信任和承诺,这可能对机会主义等异化行为起到一定抑制作用(Wang & Ye,2014)。因而,系统探讨关系行为、机会主义行为、参建方绩效以及项目整体绩效之间的相互关系,有利于揭示从重大工程组织间关系行为到项目绩效的过程"黑箱",为项目绩效的提升寻找新的路径。

传统上对项目结果的评价采用项目绩效,即侧重对"铁三角"(即工期、成本和质量)的考察,限制了对利益相关者多元化价值诉求的关注(Yang et al.,2010),例如对利益相关者的主观满意度的考量(Shaw et al.,2011)。有别于传统绩效对客观量化指标的强调,本研究中项目绩效基于传统绩效但又有一定的主观性,强调绩效对目标实现有价值的程度,即"做正确的事",是组织产出多个方面的综合评估(Matthews,2011)。鉴于此,重大工程项目绩效是指重大工程项目目标的实现程度,综合评价"铁三角"(即工期、成本和质量)和利益相关者的满意程度(Patanakul et al.,2016)。

综上,本章选择较能体现关系行为正面效果的参建方任务绩效和关系绩效,以及对可能减少的负面效果——机会主义行为来考察关系行为的直接效果,进而考察其对重大工程整体项目绩效的影响机制,由此构建本章的理论模型见图7-1。

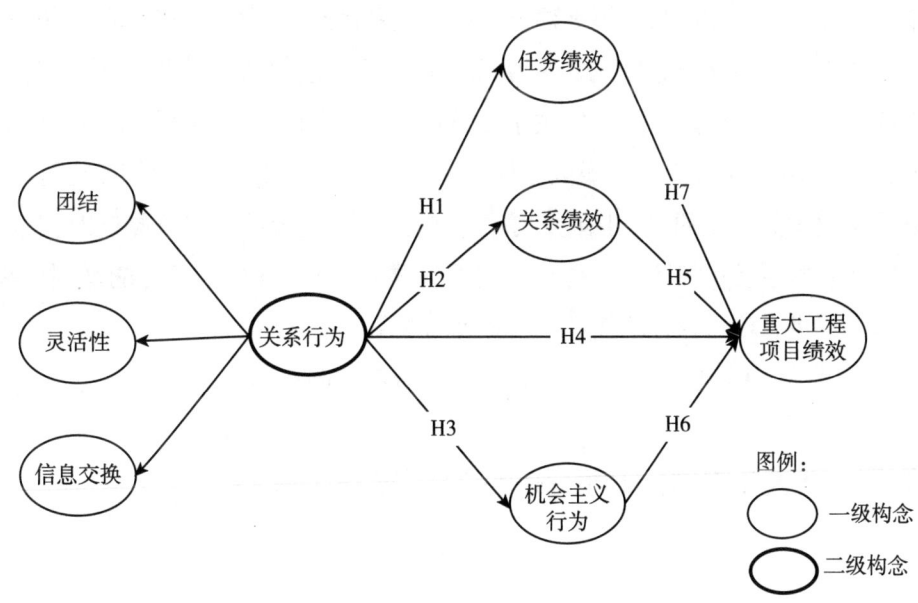

图7-1 重大工程组织间关系行为对项目绩效影响研究模型

7.2 研究假设

7.2.1 重大工程组织间关系行为与项目绩效

在关系营销领域,关系行为对交易方绩效的促进作用已得到了广泛验证,例如在供应链管理领域,Singh(2016)和 Panayides(2009)研究表明关系行为能提高供应链整体绩效;Johnston et al.(2004)认为关系行为能带来感知到的高绩效和买方满意度;Benton & Maloni(2005)研究表明买卖双方的关系行为有利于供应链合作的满意度。总的来说,各种形式的交易方关系行为的实施均对绩效有积极影响(Lado et al.,2008)。在工程建设领域,Ning & Ling(2014)通过对公共项目的实证研究验证了关系行为与成本、工期、质量及业主方满意度等绩效指标间的关系,并表明关系行为能促进关系质量的提升。在重大工程中,当参建方采取关系行为时,它们将产生更多组织间信息交换,有利于预测和响应相互需求,如此将提高参建方之间的关系满意度(Griffith et al.,2006)。此外,重大工程参建方之间的灵活性确保它们能快速评估情景并对环境变化作出及时响应,从而降低利益相关者之间发生冲突的概率(Gundlach et al.,1995)。就团结行为而言,当重大工程参建方共同解决问题时,他们能通过增强信任提高组织间关系质量。因此,项目参建方之间充分的信息交换、对突发情形的灵活处理以及保持团结,有利于实现参建方之间"1+1>2"的涌现效果,从整体上促进,项目目标的实现。由此提出如下假设:

H1:重大工程组织间关系行为对项目绩效有正向作用。

7.2.2 重大工程组织间关系行为与参建方绩效

尽管重大工程参建方的关系行为可以帮助其他参建方完成项目任务,但关系行为追求互惠性,并不是一种完全的利他行为,最终目的仍是高效地完成自身任务。与重大工程项目绩效相似,参建方的任务绩效包括完成任务的成本、质量和进度绩效（Lee et al.，2015；Zhang & Li，2016）。具体而言，团结行为是交易方共同做决策、共同解决问题和共同提高（Meng，2012；Chan et al.，2003）。为确保问题有效解决，参建方需要最大程度地降低冲突，而创造和谐关系为自身任务完成创造了条件（Wang & Huang，2006）。此外，重大工程参建方的灵活性可以减少由于合同变更而必须经历的冗长程序，尤其在重大工程中出现突发事件时，灵活性有利于管理者迅速协商作出时效性最强的处理决策，提升任务完成效率。最后，重大工程不确定性预示着更大的信息处理需求，必须通过紧密的交流来整合不同参建方行为（Tushman & Nadler，1978）。信息交换让重大工程参建方获得更多信息来了解环境的不确定性，提前明确任务之间的互相作用并制定合适的任务策略，让自身利益与项目利益相结合（Jap & Anderson，2003），从而提高任务绩效。基于此，本研究提出如下假设：

H2a：重大工程组织间关系行为对参建方任务绩效有正向作用。

从长期关系角度看，参建方绩效还包括关系绩效（relationship performance）。目前对关系绩效并没有统一定义，O'Toole & Donaldson（2002）将其作为一个很宽泛的概念，定义为一系列关系获得产生的绩效，并将其与可客观评价的短期经济绩效区分开，认为其是产生的长期收益。鉴于此，本研究的关系绩效是指除了短期经济利益之外，参建方可以获得的长期收益，如与其他参建方建立良好社会关系以及获得未来合作的机会，类似于以前文献中的关系延续（relationship continuity）（Cannon，2010）。资源依赖理论认为企业的竞争优势来自差异化且不易被模仿的优势资源，这一理论目前也被用作渠道关系管理的指导依据。同样地，参建方之间通过关系行为建立的长期关系有利于其获得更大的市场竞争优势（Ramaseshan et al.，2006）。

在供应链关系管理领域，Nyaga et al.（2010）分别从买方和卖方视角分析了关系行为对交易方之间关系满意度的正向作用。关系行为有利于参建方之间更自由地分享想法、开放讨论、履行承诺和保持决定的一致性，从而更愿意维持长久的关系。Cannon（2010）在渠道关系管理中指出买方对卖方的信任，以及卖方的绩效能促进买方的长期关系导向。Ren（2010）认同关系行为可以提高感知到的信任，进而提升关系绩效。在工程建设领域，Ramaseshan（2006）认为采取积极的态度来解决冲突有利于提高社会交换和参建方之间相互了解，如此参建方将对合作经历满意并期待与其他方保持长期关系。在重大工程中，基于长期关系导向的关系行为可能会使企业牺牲短期利益来获取长期的收益，通过共同解决问题和合作谈判的方式来实现高绩效以及未来长期收益（Goo et al., 2009）。由此提出如下假设：

H2b：重大工程参建方关系行为对参建方关系绩效有正向作用。

7.2.3 重大工程组织间关系行为与机会主义行为

在交易成本理论中，Williamson（1975）将机会主义行为定义为"以欺诈的方式追逐自我利益"的行为，包括"说谎、偷窃、欺骗和误导、歪曲、伪装或其他混淆视听的算计伎俩"。这样的行为既可能存在于交换关系的发起阶段，称为事前机会主义行为（exante opportunism）；也可能存在于交换关系存续过程当中，称为事后机会主义行为（expost opportunism）。机会主义行为有不同的表现形式，在战略合作联盟中，机会主义行为主要包括欺骗（cheating）、逃避责任（shirking）、歪曲信息内容（distorting information）、误导合作伙伴（misleading partners）、提供次品（providing substardard product/services）及占用合作伙伴的关键资源（appropriating partners critical resources）。在工程建设项目中，机会主义可能存在于项目的各个时期，表现为在招标阶段，招标人故意排斥人、偷泄标底以及投标人故意抬标、串标等；在项目设计阶段，设计单位的方案和设计不合理；在项目实施阶段，监理方的偷懒行为，施工单位违法转包、偷工减料以及以次充好等。

工程项目的临时性特征使参建方之间关系可能是一次性的，这助长了机会主义行为的产生。此外，重大工程的不确定性特点导致各参建方之间存在信息不对称，许多学者从交易成本的视角探讨了环境不确定性与机会主义行为的关系，并认为不确定性将增加机会主义行为（Lu et al., 2015）。然而，组织间关系行为带来的频繁交流可有效减少信息不对称，降低机会主义行为发生概率（Luo, 2006）。此外，关系行为带来的组织间信任和共同的价值观可提供一个履行行为的参考框架和安全环境从而抑制机会主义的发生（Lu & Guo, 2015；Zhou et al., 2015；Wang & Ye, 2014）。除了信息交换，参建方的团结将双方利益得失捆在一起，令双方对未来的利益目标达成一致，避免了一方企业为了短期的利益而做出机会主义行为。由此提出如下假设：

H3：重大工程组织间关系行为对参建方机会主义行为有负向作用。

7.2.4　参建方绩效与重大工程项目绩效

对于重大工程而言，整体形象进度一直是项目管理的首要目标，是利益相关者满意的关键要素（Patanakul，2015）。参建方的任务绩效改进可以显著加快重大工程的整体进度，确保在预定的关键节点上或工期内准时甚至提前交付利益相关者满意的项目成果。在项目进度优于质量的传统项目管理目标体系中，参建方任务绩效更是能确保项目质量等其他绩效目标的实现（Bakker et al,2013）。目前一些实证研究支持参建方的绩效与利益相关者整体满意度之间的关系（Suprapto，2015）。

基于关系营销的研究成果可知，感知到的关系绩效是提高交易方满意度的动力来源（Johnston，2004）。由于重大工程采购的一次性，长期关系较难形成（Bygballe et al.，2010）。然而，在项目实施过程中，参建方通过关系行为探索未来合作的可能，并为长期关系奠定基础。在未来的项目中，即使由于招投标法要求招标人需经过公开招标方选择参建方，但在过去项目中有良好绩效的合作方亦将被列为优先合作方，这种未来继续合作的可能性会促进项目绩效的提高。由此提出如下假设：

H4a：参建方的任务绩效对重大工程项目绩效有正向作用。

H4b：参建方的关系绩效对重大工程项目绩效有正向作用。

7.2.5　重大工程参建方机会主义行为与项目绩效

交易成本理论认为机会主义行为与合作绩效负相关，因为倘若一方寻求自身利益并违反合同而采取机会主义行为，如扭曲信息、逃避责任或者转移共同收益，另一方将减少对资源和信息的投入以免被再次"利用"，如此将降低合作的整体效益。Luo（2006）通过对合资企业的实证分析得出机会主义行为会减少财务收入、销售额增长和整体绩效的结论。一方的机会主义行为可能带来另一方高风险的担忧，而这种担忧极可能导致交易失败。

类似地，工程建设项目中机会主义行为不利于项目目标实现（Jap & Anderson，2003）。在工程实施前，由于重大工程的环境不确定性和复杂性，为预防机会主义行为出现，参建方的合同制定需要尽可能周全，这将大大增加合同制定成本。在重大工程的实施过程中，偷工减料、巧取信息、以次充好等情况的发生可能导致工期延长和成本增加，甚至引起项目失败。Hawkins（2008）指出机会主义行为不仅会增加交易成本同时也会影响双方关系的维持，这意味着参建方之间的工作关系满意度会受到影响。Mitropoulos & Howell（2001）认为机会主义行为不利于冲突解决，甚至导致参建方冲突升级。我国学者们亦发现通过合法或非法手段将项目利益进行转移的机会主义行为直接损害了项目利益，并对合作双方的长远利益和市场竞争力构成负面影响（曾伏娥，2015；尹贻林，2014）。由此提出如下假设：

H5：重大工程参建方机会主义行为对项目绩效有负向作用。

7.3　问卷设计与变量测量

重大工程组织间关系行为的测度仍采用本书表 5–1 所示的测度指标。对项目绩效测度采用主观评价，基于 Wang et al.（2013）关于重大工程项目绩效的描述，除了考察项目投资、进度、质量和安全等传统关键项目绩效指标，本书还关注项目预期构想的实现（Lu et al.，2015），以及利益相关者的满意水平（Suprapto et al.，2015b）。因此，本书的重大工程项目绩效测度共包括 6 个题项。类似地，参建方任务绩效借鉴建设项目团队绩效的评价指标（Zhang & Li，2016；Lee et al.，2015），包括进度、质量和成本完成情况；而对于关系绩效，借鉴长期关系导向和关系延续的相关指标（Cannon，2010；Suprapto et al.，2015），最终形成了"建立社会关系"和"产生未来合作"两个测度指标。对于机会主义行为的测度，借鉴了 Liu et al.（2009）和 Yam & Chan（2015）对该行为的测度，调研方式是一方评价其他参建方的机会主义行为，而非自评，减少出于道德考虑而出现的回复偏差。对各变量的测量均采用李克特五点量表，即 1 = 非常不满意/非常少；3 = 一般；5 = 非常满意/非常多。本章研究的测度题项如表 7–1 所示，对应附录 B 中问卷的第四部分。

表7-1 重大工程组织间关系行为对项目绩效影响模型中变量测度

变量	编码	测量题项（指标）	参考文献
任务绩效（TP）	TP1	任务进度的满意程度	Lee et al.（2015）Zhang & Li（2016）
	TP2	任务质量的满意程度	
	TP3	任务成本的满意程度	
关系绩效（RP）	RP1	其他参建方与我方建立长期社会关系的意愿	Suprapto et al.（2015）Cannon（2010）
	RP2	其他参建方与我方开展未来合作的意愿	
机会主义行为（OB）	OB1	其他参建方在特定事情上说谎的情况	Liu et al.（2009）Yam & Chan（2015）
	OB2	其他参建方不履行合同或口头协议约定的情况	
	OB3	其他参建方在合同上"钻空子"的情况	
项目绩效（PE）	PE1	对项目整体进度目标完成的满意程度	Suprapto et al.（2015）Lu et al.（2015）Wang et al.（2013）
	PE2	对项目整体投资/成本目标完成的满意程度	
	PE3	对项目整体质量目标完成的满意程度	
	PE4	对项目整体安全目标完成的满意程度	
	PE5	对项目实现预期构想的满意程度	
	PE6	利益相关者对项目整体合作过程的满意程度	

7.4 分析与结果

7.4.1 测量模型评估结果

本章的数据收集亦来自第3章的行业实地调研，调研过程和对象均保持一致，因此不再赘述。在数据分析方面，仍选用 SmartPLS2.3 M3 对测度模型进行信度和效度分析。表7-2中结果显示，各变量的组成信度（CR）和 Cronbachs Alpha 均大于 0.7 这一控制性水平,这表明量表具有较高的信度（Hair et al., 2014; Ning & Ling, 2013）。如表 7-2 所示,各变量的平均方差萃取量（AVE）大于 0.5,显示各变量均可解释其对应指标（题项）50% 以上的方差,表明对应量表具有较高的收敛效度。表 7-3 显示各变量 AVE 的平方根均大于该变量与其他变量的相关系数的绝对值。表 7-2 的因子载荷矩阵进一步显示,验证性因子分析所得到的标准化因子载荷处在 0.94~0.71 的区间,均大于 0.7 这一控制水平,且在 1% 或更高的水平上统计显著;同时,表 7-4 显示各测量指标对其相关变量的标准负荷系数应大于与其他变量的标准负荷系数,不存在交叉负荷问题,表明对应量亦具有较好的区分效度（Hair et al., 2014）。

表 7-2 重大工程组织间关系行为对项目绩效影响模型的评估结果

变量	测量指标	平均值	因子载荷	t 值	AVE	CR	Cronbachs Alpha
任务绩效（TP）	TP1	3.82	0.90	68.31	0.73	0.89	0.81
	TP2	3.87	0.87	61.64			
	TP3	3.61	0.79	33.25			
关系绩效（RP）	RP1	3.79	0.86	45.28	0.77	0.89	0.81
	RP2	4.04	0.89	64.30			
机会主义行为（OB）	OB1	2.30	0.91	63.13	0.85	0.95	0.91
	OB2	2.46	0.94	100.57			
	OB3	2.32	0.92	74.74			
项目绩效（PE）	PE1	3.70	0.71	18.94	0.57	0.89	0.85
	PE2	3.66	0.72	20.40			
	PE3	3.86	0.81	31.65			
	PE4	3.94	0.73	20.30			
	PE5	3.78	0.78	31.89			
	PE6	3.80	0.78	28.66			

注：CR 为组成信度；AVE 为平均方差萃取量。

表7-3　重大工程组织间关系行为对项目绩效影响模型中变量间相关系数矩阵

变量	相关系数						
	TP	RP	OB	PE	RBS	RBF	RBIE
任务绩效（TP）	**0.85**						
关系绩效（RP）	0.64	**0.88**					
机会主义行为（OB）	-0.23	-0.19	**0.92**				
项目绩效（PE）	0.65	0.58	-0.34	**0.76**			
团结（RBS）	0.33	0.37	-0.22	0.40	**0.82**		
灵活性（RBF）	0.31	0.39	-0.19	0.39	0.18	**0.93**	
信息交换（RBIE）	0.49	0.48	-0.15	0.43	0.38	0.38	**0.81**

注：相关系数矩阵对角线中的粗体数值为平均方差萃取量（AVE）的平方根。

表7-4　重大工程组织间关系行为对项目绩效影响模型中变量间因子载荷

变量	测量指标	标准化因子载荷						
		TP	RP	OB	PE	RBS	RBF	RBIE
任务绩效（TP）	TP1	**0.90**	0.62	-0.15	0.57	0.27	0.25	0.42
	TP2	**0.87**	0.51	-0.20	0.59	0.33	0.32	0.46
	TP3	**0.79**	0.52	-0.23	0.49	0.24	0.23	0.38
关系绩效（RP）	RP1	0.60	**0.86**	-0.17	0.49	0.23	0.33	0.40
	RP2	0.53	**0.89**	-0.15	0.52	0.40	0.35	0.44
机会主义行为（OB）	OB1	-0.17	-0.14	**0.91**	-0.29	-0.19	-0.12	-0.11
	OB2	-0.25	-0.20	**0.94**	-0.35	-0.20	-0.21	-0.16
	OB3	-0.20	-0.17	**0.92**	-0.30	-0.21	-0.20	-0.14
项目绩效（PE）	PE1	0.47	0.35	-0.20	**0.71**	0.28	0.26	0.30
	PE2	0.48	0.36	-0.24	**0.72**	0.34	0.22	0.22
	PE3	0.56	0.44	-0.33	**0.81**	0.29	0.29	0.36
	PE4	0.43	0.43	-0.26	**0.73**	0.23	0.25	0.35
	PE5	0.49	0.51	-0.23	**0.78**	0.36	0.34	0.35
	PE6	0.49	0.51	-0.28	**0.77**	0.31	0.37	0.35

续表

变量	测量指标	标准化因子载荷						
		TP	RP	OB	PE	RBS	RBF	RBIE
团结 （RBS）	RBS1	0.26	0.34	-0.15	0.34	**0.86**	0.15	0.33
	RBS2	0.19	0.22	-0.16	0.23	**0.75**	0.10	0.23
	RBS3	0.35	0.33	-0.22	0.39	**0.85**	0.20	0.37
灵活性 （RBF）	RBF1	0.27	0.31	-0.18	0.38	0.17	**0.93**	0.33
	RBF2	0.31	0.40	-0.18	0.34	0.17	**0.93**	0.37
信息交换 （RBIE）	RBIE1	0.36	0.39	-0.07	0.30	0.24	0.30	**0.76**
	RBIE2	0.39	0.40	-0.14	0.37	0.34	0.27	**0.86**
	RBIE3	0.45	0.38	-0.15	0.37	0.34	0.35	**0.82**

注：以粗体标注的载荷值指各题项在所测变量上的载荷。

7.4.2 结构模型评价结果

在 SmartPLS 2.0 中选择"285 个案例"和"5000 个样本"，计算结果如图 7-2 所示。模型中关系行为及各变量对项目绩效影响的 R^2 值为 0.52，表明所构建的模型可以对重大工程项目绩效进行较好的解释。除了用 R^2 评价预测的准确性，研究还需要评价 Stone – Geisser 提出的 Q^2 值。结果显示 Q^2 为 0.3，大于 0 这一控制阈值，表明结构模型有较好的预测相关性。

参建方关系行为与重大工程项目绩效之间的路径系数为 0.201 且在 0.001 的水平上显著，因此，H1 得到了验证；关系行为与参建方任务绩效之间直接路径系数为 0.523，且在最高水平上显著（$p < 0.001$），同时，关系行为与参建方关系绩效之间的路径系数为 0.558 且在 0.001 的水平上显著，因此，H2a 和 H2b 得到了验证；H3 的检验结果显示关系行为能显著抑制参建方机会主义行为，路径系数为 -0.246 且在 0.001 的水平上显著，故 H3 得到了支持。此外，任务绩效与项目绩效之间的路径系数为 0.380 且在最高水平上显著（$p < 0.001$），关系绩效、参建方机会主义行为与项目绩效之间的路径系数分别为 0.191 和 -0.171，显著性水平为 0.01，因此，假设 H4a、H4b 和 H5 均得以验证。

对比重大工程组织间关系行为分别对参建方任务绩效和关系绩效的影响，

结果显示其对关系绩效的影响稍大。但在对重大工程项目绩效的影响上，参建方的任务绩效比关系绩效有更为显著的作用，这表明任务绩效对项目绩效有更突出的影响。不可忽略的是，参建方的机会主义行为对项目绩效亦有显著的抑制作用。

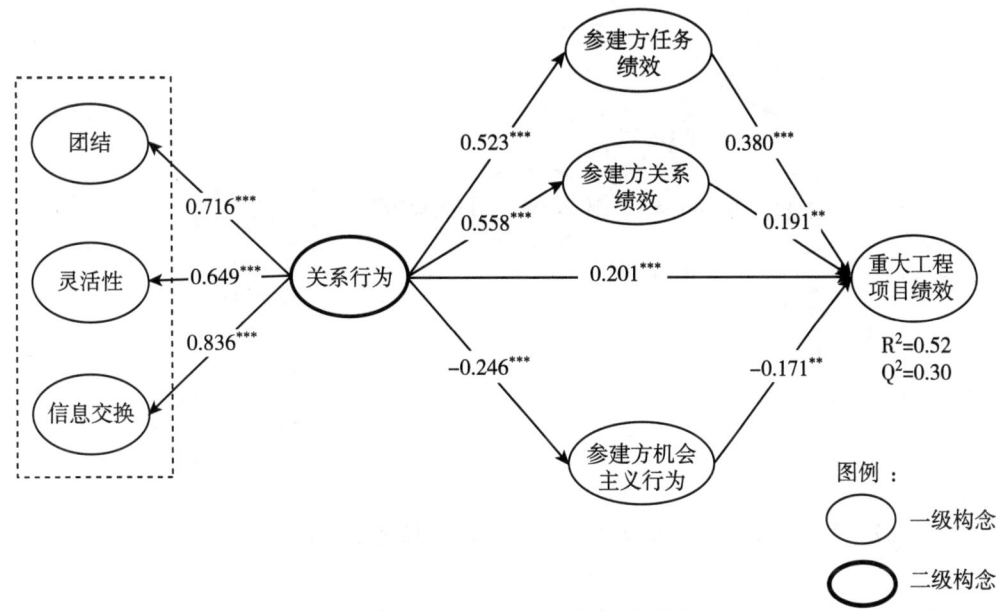

图 7-2 重大工程组织间关系行为对项目绩效影响模型检验结果

7.4.3 中介效应分析

为进一步分析关系行为、参建方任务绩效、关系绩效、机会主义行为与项目绩效之间的复杂影响，本章基于 Baron & Kenny（1986）的研究，采用因果步骤法对参建方任务绩效、关系绩效和机会主义行为的中介作用分别进行检验分析。以参建方任务绩效在关系行为和重大工程项目绩效路径中可能的中介作用为例，第一步，计算关系行为（自变量）与重大工程项目绩效（因变量）的关系，构建了图 7-3 替代模型。根据图 7-3 的结果可知，关系行为对重大工程项目绩效的总体影响路径系数为 0.55（$t=14.95$），R^2 值为 0.30，即关系行为本身对重大工程项目绩效的整体解释程度为 30%。第二步，构建仅包括关系行为、参建方任务绩效和重大工程项目绩效的替代模型，计算结果如表 7-5 所示，关系行为（自变量）与参建方任务绩效（中介变量）之间的关系，路径系数为 0.52，在 0.001

的水平下显著；任务绩效（中介变量）与重大工程项目绩效（因变量）之间的关系，路径系数为 0.50，同样在 0.001 的水平下显著；关系行为对重大工程项目绩效的路径系数依旧显著，但是路径系数下降为 0.29（$t=6.30$），因此，参建方任务绩效在关系行为和重大工程项目绩效之间起到部分中介作用。

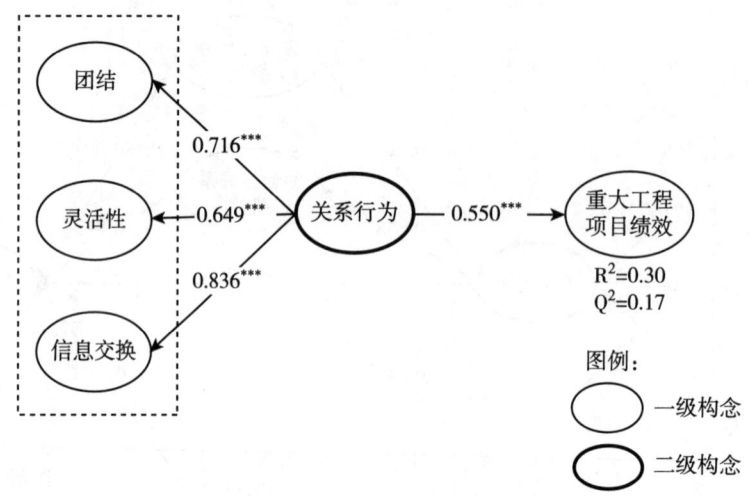

图 7-3 重大工程组织间关系行为对项目绩效的影响模型的替代模型

表 7-5 参建方任务绩效在关系行为与项目绩效路径中的中介效应检验

假　设	路径系数	t 值	结果
关系行为→参建方任务绩效	0.52***	11.76	通过
参建方任务绩效→项目绩效	0.50***	9.41	通过
关系行为→项目绩效	0.29***	6.30	通过

注：*** 代表 $p<0.001$（$t>3.29$）；** 代表 $p<0.01$（$t>2.58$）；* 代表 $p<0.05$（$t>1.96$）。

对于参建方关系绩效、其他参建方机会主义行为的中介作用，经过同样的步骤分析结果（见表 7-6 与表 7-7），它们也分别在关系行为对项目绩效的影响过程中起到部分中介作用，但三者的中介作用存在差异。在参建方任务绩效的传导作用中，关系行为对重大工程项目绩效的系数从 0.55 下降为 0.29（$t=6.30$），而在关系绩效的传导作用下，关系行为对重大工程项目绩效的系数则变为 0.33（$t=6.54$）；此外，在机会主义行为的传导作用下，关系行为对重大工程项目绩效的影响变化较少，为 0.50（$t=11.17$）。因此，三者的部分中介作用效果排序为：参建方任务绩效＞参建方关系绩效＞机会主义行为。

表7-6 参建方关系绩效在关系行为与项目绩效路径中的中介效应检验

假 设	路径系数	t值	结果
关系行为→参建方关系绩效	0.56***	13.36	通过
参建方关系绩效→项目绩效	0.40***	7.03	通过
关系行为→项目绩效	0.33***	6.54	通过

注：*** 代表 $p<0.001$（$t>3.29$）；** 代表 $p<0.01$（$t>2.58$）；* 代表 $p<0.05$（$t>1.96$）。

表7-7 参建方机会主义行为在关系行为与项目绩效路径中的中介效应检验

假 设	路径系数	t值	结果
关系行为→机会主义行为	-0.25***	4.17	通过
机会主义行为→项目绩效	-0.22***	3.93	通过
关系行为→项目绩效	0.50***	11.17	通过

注：*** 代表 $p<0.001$（$t>3.29$）；** 代表 $p<0.01$（$t>2.58$）；* 代表 $p<0.05$（$t>1.96$）。

7.5 结果讨论

本章通过分析关系行为对参建方任务绩效、关系绩效、机会主义行为及项目绩效的作用效果，揭示了关系行为对重大工程项目绩效的直接和间接效应。分析结果显示模型假设均得到了验证。对中介作用的分析结果可知，提高参建方任务绩效、关系绩效，抑制其他方的机会主义行为，是关系行为影响项目绩效的重要路径。上述结果证实了现有研究中关于关系行为对行为主体绩效及整体满意度的研究结论（Suprapto，2015；Ning & Ling，2014），体现了参建方关系行为对重大工程的重要价值。

7.5.1 关系行为对项目绩效的直接影响路径

本研究结论发现参建方通过实施关系行为可以显著促进整个项目绩效，两者的相关系数达到 0.55，可以解释 30% 的项目绩效。这与供应链领域 Singh（2016）和 Panayides（2009）提出的关系行为对供应链绩效有正向促进作用的结论保持一致。但目前诸多项目往往依赖合同等正式机制，通过加强技术投入或经济激励等方式提高参建方的积极性，甚至通过强制性的行政手段使得参建方被迫赶工或投入更多的资源，以确保项目目标实现（Aronson et al., 2013），然而整个建设过程忽视了关系行为这类非强制性积极行为对项目绩效的正向作用。强制的绩效提升方式，如行政手段往往在一定时间内发挥积极作用，但极其容易诱发过度的行政干预和行为异化（Le et al., 2014）。例如，尽管当前政府积极推动建筑信息模型（BIM）技术在重大工程中使用以促进组织间信息交换和协同，但参建方对此的响应仍多停留在技术建模或单个参建方内部的翻模工作（Cao et al., 2015），并未实质上促进参建方的信息交换行为。此外，经济手段的使用往往使得参建方过度追求眼前的经济利益，形成功利性项目文化，参建方过度关注短期经济利益的算计，往往导致组织间关系恶化，利益冲突不断。倘若在技术投入或经济激励等方式的基础上，同时关注参建方关系行为驱动，这将使得参建方的价值诉求从眼前利益转化为长期价值。关系行为如同系统中的润滑剂，使得系统各个部分顺畅地互通，并建立信任，长远意识可以减少摩擦和利益冲突，使得技术投入和经济手段的正向作用得以充分发挥，项目绩效将在多方面得到有效提高（Bolino et al., 2013）。

7.5.2 关系行为对项目绩效的间接影响路径

（1）关系行为通过任务绩效对项目绩效的作用

在重大工程这类复杂的多组织情境中，关系行为可以通过改善参建方自身任务绩效而促进项目绩效提升。作为一种跨组织积极行为，关系行为发生在参建方共同组成的组织网络中，在任务实施过程中，关系行为中的团结可以有效保证任务"做得好"，灵活性可以有效化解冲突与矛盾，信息交换使得沟通路径顺畅，从而实现关联参建方在网络中"整合得好"，最终确保项目管理目标的达成。但值得注意的是，重大工程情境中跨组织的关系行为明显不同于单一组织中的个人行为，仅仅依赖某一参建方任务绩效的改进无法全面提升项目绩效，这也解释了为何参建方任务绩效在参建方关系行为和项目绩效中起部分中介作用。一般情况下，传统的项目任务分解往往将参建方的注意力集中在各自的任务实施过程（Saunders & Ahuja，2006），并竭力实现标准化，以降低任务实施过程中的不确定性。尽管分解可以弱化任务的一次性和独特性带来的不可控性，但重大工程较高的任务目标往往给常规的任务实施和整合带来较大的挑战和风险（Flyvbjerg，2014）。因此，所有项目参建方还应该关注任务整合和界面管理，从而实现项目整体绩效。

（2）关系行为通过关系绩效对项目绩效的作用

研究结果显示，重大工程组织间关系行为可以促进持续的未来关系，进而提高项目绩效。具体而言，关系行为的作用远远超过了对当前项目绩效的影响，而是致力于提升参建方与其他方未来合作的可能性。尽管项目组织是一个临时性组织，在重大工程完成后，团队就将被解散而且很难在未来的项目中重新再工作在一起，这种情况不可避免地导致了参建方关系的非连续性。但是这些合作经历将深入高层管理团队，他们代表永久性组织，可通过高层管理团队的个人关系实现组织间关系的稳定性和长期性（Laan et al.，2011）。因此，考虑到未来合作的可能性，参建方将在现有项目上充分发挥积极的关系行为，以提升关系绩效。然而，Nyaga et al.（2010）在供应链管理中的研究结果显示关系行为所引起的关系质量提高并不一定带来关系绩效提升，因为即使买卖双方建立了良好关系，在开展新的交易时，买方仍可能根据产品价格、服务、绩效等选择新的卖方。由此可得，参建方实施关系行为是基础，随着感知到未来获得合作机会的概率增加，提升项目绩效的积极性将随之增加。但相比于参建方任务绩效，关系绩效对实现关系行为对重大工程项目绩效的促进作用比较有限。

（3）关系行为通过机会主义行为对项目绩效的作用

研究结论显示重大工程组织间关系行为可以通过抑制机会主义行为而减少项目绩效损失，这与 Wu et al.（2017）的研究结果类似。重大工程参建方可能故意遗漏某些信息，提供不完整信息，或者违背了某些非正式或正式的协议来谋取自身的利益，如此机会主义行为将导致项目参建方之间合作关系满意度下降并影响项目的客观产出。例如，业主往往需要防范施工单位在低价中标之后通过偷工减料降低成本或通过经济索赔追加投资等行为，以降低项目质量和投资风险；此外，施工单位与设计单位之间常因设计变更导致扯皮和摩擦不断，进而加剧项目进度风险。正如 Yang et al.（2011）提出信任能减少机会主义行为。重大工程参建方的关系行为有助于加强信任，当集体利益与自身利益发生冲突时，重大工程参建方将以大局为重而不是采取机会主义行为，进而减少项目绩效损失。

7.6　研究结论与管理启示

本章围绕参建方的关系行为如何影响重大工程项目绩效这一研究问题,构建了包含参建方关系行为、任务绩效、关系绩效、机会主义行为以及重大工程项目绩效之间关系的理论模型。基于调研数据,采用 PLS 方法对理论模型进行了验证,并分别对理论模型的信度、效度、主效应假设及可能的调节作用进行了验证,并对相关结论进行了讨论。

研究结论显示重大工程组织间关系行为能直接增强参建方任务绩效、关系绩效以及项目绩效,并能有效抑制其他参建方的机会主义行为;此外,参建方任务绩效、关系绩效能正向增强项目绩效,且机会主义行为会显著降低项目绩效。通过中介作用验证分析可知:参建方任务绩效、关系绩效和机会主义行为分别对关系行为和项目绩效之间的作用起到部分中介作用。以上结论意味着关系行为这类积极行为可以在重大工程跨组织间关系网络中形成具有放大和缓冲特性的良性作用,既能够持续产生不断增强的参建方绩效促进项目绩效,又可以防止项目受到参建方机会主义行为等负面因素的侵蚀,使得重大工程项目管理具有面对负面挑战的弹性和抵抗力。这种自我强化的弹性系统直接可以实现超出项目期望的产出(Cameron,2005),为提高重大工程项目绩效提供了新渠道。综合以上研究结论可提出三方面的管理启示。

(1) 通过机制设计加强关系行为这种"软"资源的价值

参建方实施的关系行为可以显著促进重大工程项目目标实现,这肯定了参建方关系行为的重要积极作用,揭示了当前众多重大工程普遍在大规模的经济投入与实现高水平技术突破的同时仍未能实现项目目标的原因之一,这可能在于未能有效调动参建方的积极行为。重大工程的目标往往难以实现,通过团结、灵活和信息交换等一系列积极的关系行为可以有效促进参建方任务绩效和整体项目绩效。鉴于此,应将关系行为与项目目标建立对应关系,制定有始有终、切实可行的实施方案。例如,重大工程通常举办劳动竞赛、创新评优等活动来肯定参建方在团队合作、协同创新等方面作出的突出贡献,从而鼓励更多的关系行为。业主和承包商应根据与其他方的合作经历进行信誉评分，并作为下次选择合作方的重要依据，这种关系行为产生的潜在未来收益将有利于相关方在当前项目上积极实施关系行为。在这样的机制设计下，重大工程参建方的精力将集中在统一的项目目标上，以大局为重，形成合力，达到提升项目绩效的效果。

（2）探索有利于关系行为实施的创新性项目管理模型

关系行为通过参建方任务绩效和关系绩效的提升均可以有效促进重大工程项目绩效，形成从关系行为到项目绩效的两条间接路径。这些路径的有效性正凸显了当前建设行业项目管理模式改进的必要性。目前，重大工程建设主要采取的仍然是 DBB 等传统项目管理与交付模式，造成了参建方之间的割裂和分散，同时制约了关系行为采纳（Ning & Ling，2014）。近些年，众多国家和地区积极探索了促进关系友好性的项目组织和交付模式，如中国香港和英国普遍采用的关系伙伴模式、澳大利亚普遍采取的 Alliance，以及美国积极推进集成交付模式（IPD）等（Bilbo et al.，2015），这些均可以称为关系合同。目前，这些国家和地区也发布了相应的指南和合同示范文本来促进关系合同的采纳，如英国土木工程协会发布的新合同文本 NEC3（Chan，2015），美国建筑师协会提供了适用于 IPD 等新兴项目交付模式的合同文本。各类关系合同模式均积极推崇长期合作或者战略伙伴关系以提高感知到的关系绩效。研究结果显示，这些关系合同若能真正改变参建方行为和态度，将有利于项目绩效提升（Hong et al.，2011）。近年来，我国部分学者已经在尝试将美国 IPD 等关系合同模式和理念引入中国，例如，上海中心采用了类似 IPD 的模式，以配合 BIM 等新兴手段和工具来提高项目信息共享和组织间协同（何清华和刘晴，2016）。随着重大工程项目管理中对合作、协同等相关跨组织行为的重视和提倡，尽快健全支持项目组织模式创新的法律、制度和行业环境，对充分发挥关系行为的积极作用变得愈加必要和迫切。

（3）重视对参建方机会主义行为的抑制

重大工程组织间关系行为通过抑制机会主义行为可以促进项目绩效，这意味着关系行为促进项目绩效的方式是多样化的，可以从正反两方面实现。在信息不对称状态下，机会主义行为作为一种损人利己的行为，会导致由于承诺的未兑现而延长工期、增加成本等后果，进而直接影响重大工程项目目标实现。因此，项目管理者应重视机会主义行为带来的消极影响，并通过关系行为带来的频繁且坦诚的交流减少信息不对称及由此引起的机会主义行为。尤其是在重大工程中，不确定性将带来机会主义行为的增多，例如当出现设备、材料供应不充分，主要材料市场价格波动大，不利自然环境等在工程项目中较为常见的环境不确定情形时，项目参建方更容易采取机会主义行为，彼此之间的信任更为脆弱。在这种背景下，参建方采取关系行为一方面可重塑信任，另一方面可以通过减少信息不对称从而约束机会主义行为，抵消环境不确定性带来的各种不利影响。重大工程项目管理是一项系统工程，在采取关系行为时，参建方需要打破传统项目管理的思维定式，在加快自身任务绩效并完成关键目标的同时，从项目全局出发重视和发挥关系行为在组织间关系中的交互与渗透作用，通过关系行为正反两方向的作用提高项目绩效并实现全局最优。

第 8 章 结论与展望

8.1 主要研究结论

基于组织行为学、计划行为理论、契约治理和关系治理理论等,本书开展了四部分主要研究,分别为重大工程组织间关系行为的识别、内部驱动因素研究、外部驱动机制研究以及关系行为对项目绩效的影响研究。针对关系行为的内外部驱动因素和结果,本书通过对 193 个我国重大工程的 285 名管理人员的调研,分别采用 PLS-SEM、层次回归分析法、多组分析、Sobel 检验等方法,探索了社会心理学因素对重大工程参建方关系行为采纳的内部驱动作用,比较了不同的组织间关系治理机制对关系行为外部驱动的有效性,并揭示了参建方关系行为对重大工程项目绩效的影响路径。主要研究结论如下:

(1) 关于重大工程组织间关系行为的识别

基于关系营销中对关系行为的界定以及重大工程公开信息和半结构式访谈,本书确定了重大工程组织间关系行为(MIRB)的定义及其三个维度,分别为团结、灵活性和信息交换,并明确了与三个维度相对的六种 MIRB 表现形式,分别为沟通、信息共享、灵活地处理问题、组织承诺、共同解决困难和遵守共同目标,其中,团结包含组织承诺、共同解决困难和遵守共同目标;信息交换包含沟通、信息共享;而灵活性对应灵活地处理问题。

(2) 关于重大工程组织间关系行为的内部驱动因素

经验证发现 MIRB 被行为意愿和感知行为控制两个因素直接驱动,感知主观规范、感知行为控制和感知收益的态度由高到低通过行为意愿间接驱动 MIRB。行为意愿对感知收益的态度与 MIRB 之间的关系存在完全中介作用,对主观规范与 MIRB 之间的关系以及感知行为控制与 MIRB 之间的关系存在部分中介作用。参建方过去的合作经验对内部驱动作用的调节效果显著,一方面,它正向调节感知行为控制与行为意愿之间的正向关系;另一方面,它反向调节感知收益的态度与行为意愿之间的正向关系。此外,不合作的项目文化对感知风险的态度与意愿之间的关系有显著负向作用,但是在合作的项目文化下,该路径不显著。上述结果表明了参建方的主观心理因素以及社会嵌入因素对关系行为的采纳有显著影响,且参建方自身的经验和项目文化会影响内部驱动因素对关系行为的作用程度。

(3) 关于重大工程组织间关系行为的外部驱动机制

重大工程业主与受托方(咨询方和承包方)之间合同条款的明确性以及信任作为外部驱动机制有利于 MIRB 的实施,但合同条件的适应性与参建方关系行为之间无显著关系。较之于合同治理,信任机制对关系行为的效果更为显著。此外,分析两种治理机制的相互作用可得,合同条款的明确性与信任是相互补充以促进 MIRB,但合同条件的适应性与信任机制之间无显著的互补或替代关系。重大工程的不确定性作为情境变量对以上关系的调节作用也显得尤为重要,一方面,它正向调节信任与参建方关系行为实施之间的正向关系;另一方面,它反向调节合同条款的明确性与参建方关系行为实施之间的正向关系。上述结果验证了项目治理机制对参建方关系行为驱动的有效性,以及重大工程不确定性程度对治理机制有效性的影响。

(4) 关于重大工程组织间关系行为对项目绩效的影响

参建方实施的关系行为可以显著促进重大工程项目绩效,即业主方、承包方和咨询方相互之间的关系行为可以在较大程度上促进重大工程项目管理目标的实现。关系行为实现项目绩效提升有两条正向路径,分别是 MIRB→参建方任务绩效→项目绩效,以及 MIRB→参建方关系绩效→项目绩效。此外,还有一种抑制项目绩效损失的负向路径,为 MIRB→参建方机会主义行为→项目绩效。通过中介作用验证分析可知:参建方任务绩效、关系绩效和机会主义行为从大到小分别对关系行为和项目绩效之间的作用起到部分中介作用。这意味着关系行为这类积极行为可以在重大工程跨组织间关系网络中形成具有放大和缓冲特性的良性作用,既能够持续不断增强参建方绩效从而促进项目绩效,又可以防止项目受到参建方机会主义行为等负面因素的侵蚀,这为提高重大工程项目绩效提供了新渠道。

8.2　研究创新点

本书的创新点主要体现在：

第一，本书将计划行为理论（TPB）拓展到了对 MIRB 的内部驱动研究，通过实证研究表明感知收益的态度、主观规范和感知行为控制对关系行为意愿的决定性作用，而行为意愿与感知行为控制直接驱动 MIRB 的采纳，研究成果能拓展对参建方关系行为社会心理层面的内部驱动因素的认识。在对 TPB 的理论创新方面，首先，传统 TPB 模型常将态度作为一个单维度构念，但本书认为态度具有双重作用，故将其分为感知收益的态度和感知风险的态度，因此，本研究是对以前研究的改进；其次，虽然 TPB 能有效预测和驱动行为，但未明确驱动行为的情境，本书揭示了参建方过去合作经验和重大工程文化对 MIRB 内部驱动模型的调节机制。

第二，针对组织间关系的治理机制对 MIRB 的外部驱动研究，本书引入多种相互竞争的观点来研究组织现象，通过集成交易成本理论和关系交换理论来研究 MIRB 的外部驱动机制有效性。此外，考虑了合同治理的不同内容对关系行为的影响，以及不同合同机制与信任机制的"替代与补充"的交互作用，从而明确了治理机制驱动关系行为的两条路径，分别是通过加强合同条款的明确性和信任，且两种机制的驱动效果均受重大工程不确定性影响。

第三，将关系营销相关领域对关系行为效果的最新理论成果引入重大工程领域，识别了 MIRB 到重大工程项目绩效提升的路径，揭示了 MIRB 对项目绩效的直接作用，以及通过提升参建方绩效和抑制机会主义行为对项目绩效的间接影响。这一方面为重大工程项目绩效低下的根源提供新的行为方面的解释；另一方面为重大工程项目绩效提升提供了关系管理层面的指导依据。

8.3　研究不足与未来展望

对于 MIRB 这一重要但研究不足的跨界积极行为，本书进行了一定程度的探索，分析了 MIRB 的维度和表现形式、内部驱动因素、外部驱动机制及对重大工程项目绩效的影响。虽然研究实现了一定程度的创新，加深了对 MIRB 驱动规律和价值的认识，但本书仍存在诸多不足和有待改善之处，这也是未来进一步研究的方向。具体表现如下：

第一，本书采取的是静态的单次调研，未考虑 MIRB 发展的动态过程，在项目实施过程中，参建方可能会改变关系行为策略，从而导致组织间关系连续变化。对于实证研究，未来的研究需考虑采取纵向研究来探索 MIRB 随着时间发展的演变过程，尤其是找出触发参建方关系行为变化的事件。

第二，研究采用自我报告（self-report）的方式从"关键信息人"——项目管理者收集参建方关系行为信息来代表组织行为，这不可避免地带有个体主观偏差。因此，未来的研究应考虑收集同项目中多个或配对信息提供者（如业主与承包商相互评估对方的关系行为）来提高数据的可靠度。此外，对于重大工程项目绩效中成本和工期，未来应尽可能收集客观数据来评判项目完成情况，减少由于主观判断而带来的结果偏差。

第三，研究表明参建方的关系行为受多个层次因素的影响，包括内部驱动因素和外部驱动机制，前者如感知收益的态度、主观规范等，后者如合同治理和关系治理。这些因素和机制之间有可能还存在复杂的综合效应，即存在因果关系或者交互作用。比如合同的完整性作为外部驱动机制是否影响感知风险的态度这一行为心理因素，或者感知的风险态度是否在不同的合同完整性情境下有所不同。未来有必要做进一步深入的研究，以探究不同层次和视角的驱动因素相互作用对 MIRB 实施以及项目绩效的影响。

第四，本书对 MIRB 驱动因素及对项目绩效的影响研究均基于中国内地的实证数据，这可能会对相关研究结论的普适性造成影响，尤其是针对组织间关系的治理机制对 MIRB 的影响分析，研究结论与中国法律体系现状和传统关系文化等制度情境密切相关，不同国家或地区的制度，如法律、规范和文化，将对治理机制对关系行为的有效性造成影响。因此，在其他国家采纳本研究结论时需进行适当的调整。后续研究尝试进行跨国家或地区的实证分析，对本书的研究结论在不同制度下的适用性进行验证，同时对可能存在的差异性进行比较分析。

主要参考文献

[1] Aibinu, A. A., & Al-Lawati, A. M. Using PLS-SEM technique to model construction organizations' willingness to participate in e-bidding [J]. Automation in Construction, 2010, 19 (6): 714-724.

[2] Ajzen, I. The theory of planned behavior [J]. Organizational Behavior and Human Decision Processes, 1991, 50 (2): 179-211.

[3] Ajzen, I., & Fishbein, M. Belief, Attitude, intention and behavior: An introduction to theory and research [D]. Reading, MA: Addison-Wesley, 1975.

[4] Akintoye, A., & Main, J. Collaborative relationships in construction: the UK contractors' perception [J]. Engineering, Construction and Architectural Management, 2007, 14 (6): 597-617.

[5] Al-Debei, M. M., Al-Lozi, E., & Papazafeiropoulou, A. Why people keep coming back to Facebook: Explaining and predicting continuance participation from an extended theory of planned behaviour perspective [J]. Decision Support Systems, 2013, 55 (1): 43-54.

[6] Alojairi, A., & Safayeni, F. The dynamics of inter-node coordination in social networks: a theoretical perspective and empirical evidence [J]. International Journal of Project Management, 2012, 30 (1): 15-26.

[7] Andaleeb, S. S. Dependence relations and the moderating role of trust: implications for behavioral intentions in marketing channels [J]. International Journal of Research in Marketing, 1995, 12 (2): 157-172.

[8] Anderson, J. C., & Gerbing, D. W. Structural equation modeling in practice: A review and recommended two-step approach [J]. Psychological Bulletin, 1988, 103 (3): 411.

[9] Anvuur, A. M., & Kumaraswamy, M. M. Effects of teamwork climate on cooperation in crossfunctional temporary multi-organization workgroups [J]. Journal

of Construction Engineering and Management, 2015, 142 (1): 04015054.

[10] Anvuur, A. M., & Kumaraswamy, M. M. Measurement and antecedents of cooperation in construction [J]. Journal of Construction Engineering and Management, 2011, 138 (7): 797-810.

[11] Armitage, C. J., & Conner, M. Efficacy of the theory of planned behaviour: Ameta-analytic review [J]. British journal of social psychology, 2001, 40 (4): 471-499.

[12] Aronson, Z. H., Shenhar, A. J., & Patanakul, P. Managing the intangible aspects of a project: The affect of vision, artifacts, and leader values on project spirit and success in technology-driven projects [J]. Project Management Journal, 2013, 44 (1): 35-58.

[13] Arranz, N., & Arroyabe, J. C. Effect of formal contracts, relational norms and trust on performance of joint research and development projects [J]. British Journal of Management, 2012, 23 (4): 575-588.

[14] Bai, X., Sheng, S., & Li, J. J. Contract governance and buyer-supplier conflict: The moderating role of institutions [J]. Journal of Operations Management, 2016, 41: 12-24.

[15] Bakker, R. M., Boroş, S., Kenis, P., & Oerlemans, L. A. It's only temporary: time frame and the dynamics of creative project teams [J]. British Journal of Management, 2013, 24 (3): 383-397.

[16] Bamberg, S., Ajzen, I., & Schmidt, P. Choice of travel mode in the theory of planned behavior: The roles of past behavior, habit, and reasoned action. Basic and applied social psychology, 2003, 25 (3), 175-187.

[17] Baron, R. M., & Kenny, D. A. The moderator-mediator variable distinction in social psychological research: Conceptual, strategic, and statistical considerations [J]. Journal of Personality and Social Psychology, 1986, 51 (6): 1173.

[18] Baruch, Y. Response rate in academic studies-A comparative analysis [J]. Human Relations, 1999, 52 (4): 421-438.

[19] Bechky, B. A. Gaffers, gofers, and grips: Role-based coordination in temporary organizations [J]. Organization Science, 2006, 17 (1): 3-21.

[20] Benton, W., & Maloni, M. The influence of power driven buyer/seller

relationships on supply chain satisfaction [J]. Journal of Operations Management, 2005, 23 (1): 1 – 22.

[21] Bercovitz, J., Jap, S. D., & Nickerson, J. A. The antecedents and performance implications of cooperative exchange norms [J]. Organization Science, 2006, 17 (6): 724 – 740.

[22] Bilbo, D., Bigelow, B., Escamilla, E., & Lockwood, C. Comparison of construction manager at risk and integrated project delivery performance on healthcare projects: A comparative case study [J]. International Journal of Construction Education and Research, 2015, 11 (1): 40 – 53.

[23] Black, C., Akintoye, A., & Fitzgerald, E. An analysis of success factors and benefits of partnering in construction [J]. International Journal of Project Management, 2000, 18 (6): 423 – 434.

[24] Bock, G. -W., Zmud, R. W., Kim, Y. -G., & Lee, J. -N. Behavioral intention formation in knowledge sharing: Examining the roles of extrinsic motivators, social – psychological forces, and organizational climate [J]. MIS Quarterly, 2005, 29 (1): 87 – 111.

[25] Bolino, M. C., Klotz, A. C., Turnley, W. H., & Harvey, J. Exploring the dark side of organizational citizenship behavior [J]. Journal of Organizational Behavior, 2013, 34 (4): 542 – 559.

[26] Braun, T., Ferreira, A. I., & Sydow, J. Citizenship behavior and effectiveness in temporary organizations [J]. International Journal of Project Management, 2013, 31 (6): 862 – 876.

[27] Bresnen, M., & Marshall, N. Partnering in construction: a critical review of issues, problems and dilemmas [J]. Construction Management & Economics, 2000, 18 (2): 229 – 237.

[28] Bulgurcu, B., Cavusoglu, H., & Benbasat, I. Information security policy compliance: an empirical study of rationality – based beliefs and information security awareness [J]. MIS quarterly, 2010, 34 (3): 523 – 548.

[29] Buvik, M. P., & Rolfsen, M. Prior ties and trust development in project teams—A case study from the construction industry [J]. International Journal of Project Management, 2015, 33 (7): 1484 – 1494.

[30] Bygballe, L. E., Jahre, M., & Swärd, A. Partnering relationships in construction: A literature review [J]. Journal of purchasing and supply management, 2010, 16 (4): 239-253.

[31] Cai, S., & Yang, Z. Development of cooperative norms in the buyer-supplier relationship: the Chinese experience [J]. Journal of Supply Chain Management, 2008, 44 (1): 55-70.

[32] Cai, S., Yang, Z., & Hu, Z. Exploring the governance mechanisms of quasi-integration in buyer-supplier relationships [J]. Journal of Business Research, 2009, 62 (6): 660-666.

[33] Camarero I. C., & Gutiérrez C. J. The interaction of dependence and trust in long-term industrial relationships [J]. European Journal of Marketing, 2004, 38 (8): 974-994.

[34] Cameron, K. Organizational effectiveness: Its demise and re-emergence through positive organizational scholarship [J]. Great minds in Management: The Process of Theory Development. 2005: 304-330.

[35] Cannon, J. P., & Homburg, C. Buyer-supplier relationships and customer firm costs [J]. Journal of Marketing, 2001, 65 (1): 29-43.

[36] Cannon, J. P., Achrol, R. S., & Gundlach, G. T. Contracts, norms, and plural form governance [J]. Journal of the Academy of Marketing Science, 2000, 28 (2): 180-194.

[37] Cannon, J. P., Doney, P. M., Mullen, M. R., & Petersen, K. J. Building long-term orientation in buyer-supplier relationships: The moderating role of culture [J]. Journal of Operations Management, 2010, 28 (6): 506-521.

[38] Cao, D., Wang, G., Li, H., Skitmore, M., Huang, T., & Zhang, W. Practices and effectiveness of building information modelling in construction projects in China [J]. Automation in Construction, 2015, 49: 113-122.

[39] Cao, Z., & Lumineau, F. Revisiting the interplay between contractual and relational governance: A qualitative and meta-analytic investigation [J]. Journal of Operations Management, 2015, 33: 15-42.

[40] Carson, S. J., Madhok, A., & Wu, T. Uncertainty, opportunism, and governance: The effects of volatility and ambiguity on formal and relational contracting

[J]. Academy of Management Journal, 2006, 49 (5): 1058 – 1077.

[41] Chan, A. P., Chan, D. W., & Ho, K. S. An empirical study of the benefits of construction partnering in Hong Kong [J]. Construction Management and Economics, 2003, 21 (5): 523 – 533.

[42] Chan, A., Le, Y., Hu, Y., & Shan, M. A Research framework for evaluating the maturity of relationship management in Chinese mega – construction and infrastructure megaprojects: a relational contracting perspective [C]. ICCREM, 2015: 576 – 583.

[43] Chen, P., & Partington, D. An interpretive comparison of Chinese and Western conceptions of relationships in construction project management work [J]. International Journal of Project Management, 2004, 22 (5): 397 – 406.

[44] Chen, W. T., & Chen, T. T. Critical success factors for construction partnering in Taiwan [J]. International Journal of Project Management, 2007, 25 (5): 475 – 484.

[45] Cheng, E. W. Intentions to Form Project Partnering in Hong Kong: Application of the Theory of Planned Behavior [J]. Journal of Construction Engineering and Management, 2016, 142 (12): 04016075.

[46] Cheung, S. O., Ng, T. S., Wong, S. P., & Suen, H. C. Behavioral aspects in construction partnering [J]. International Journal of Project Management, 2003, 21 (5): 333 – 343.

[47] Cheung, S. O., Yiu, T. W., & Lam, M. C. Interweaving trust and communication with project performance [J]. Journal of Construction Engineering and Management, 2013, 139 (8): 941 – 950.

[48] Cheung, Y. K. F., & Rowlinson, S. Supply chain sustainability: a relationship management approach moderated by culture and commitment [C]. Proceedings of the International Conference Management and Innovation for a Sustainable Built Environment (MISBE2011), Delft University of Technology, 2011.

[49] Chi, C. S., Ruuska, I., Levitt, R., Ahola, T., & Artto, K. A Relational Governance Approach for Megaprojects: Case Studies of Beijing T3 and Bird's Nest Projects in China [C]. Proceeding of EPOC 2011 Conference, 2011.

[50] Cohen, J., Cohen, P., West, S. G., & Aiken, L. S. Applied multiple

regression/correlation analysis for the behavioral sciences (3rd ed.) [M]. Mahwah, NJ: Erlbaum, 2003.

[51] Collins, J. D., & Hitt, M. A. Leveraging tacit knowledge in alliances: The importance of using relational capabilities to build and leverage relational capital [J]. Journal of Engineering and Technology Management, 2006, 23 (3): 147 – 167.

[52] Consoli, G. Conflict and managing consortia in private prison projects in Australia – Private prison operator responses [J]. International Journal of Project Management, 2006, 24 (1): 75 – 82.

[53] De Long, D. W., & Fahey, L. Diagnosing cultural barriers to knowledge management [J]. The Academy of management executive, 2000, 14 (4): 113 – 127.

[54] Dodor, J. B. K., & Rana, D. S. Investigating business schools' intentions about offering e – commerce education using an extended theory of planned behavior [J]. Decision Sciences Journal of Innovative Education, 2009. 7 (1), 195 – 220.

[55] Dubois, A., & Gadde, L. E. Supply strategy and network effects—purchasing behaviour in the construction industry [J]. European Journal of Purchasing & Supply Management, 2000, 6 (3): 207 – 215.

[56] Eckhardt, G. Culture's consequences: Comparing values, behaviors, institutions and organisations across nations [J]. Australian Journal of Management, 2002, 27 (1): 89 – 95.

[57] Engwall, M. No project is an island: linking projects to history and context [J]. Research Policy, 2003, 32 (5): 789 – 808.

[58] Eriksson, P. E. Procurement effects on coopetition in client – contractor relationships [J]. Journal of construction Engineering and Management, 2008, 134 (2): 103 – 111.

[59] Faems, D., Janssens, M., Madhok, A., & Looy, B. V. Toward an integrative perspective on alliance governance: Connecting contract design, trust dynamics, and contract application [J]. Academy of management journal, 2008, 51 (6), 1053 – 1078.

[60] Flyvbjerg, B. What you should know about megaprojects and why: an over-

view [J]. Project Management Journal, 2014, 45 (2): 6-19.

[61] Flyvbjerg, B., Bruzelius, N., & Rothengatter, W. Megaprojects and risk: An anatomy of ambition [M]. Cambridge, Cambridge University Press, 2003.

[62] Fryxell, G. E., Dooley, R. S., & Vryza, M. After the ink dries: The interaction of trust and control in US-based international joint ventures [J]. Journal of management studies, 2002, 39 (6): 865-886.

[63] Gallagher, K. M., & Updegraff, J. A. Health message framing effects on attitudes, intentions, and behavior: a meta-analytic review [J]. Annals of Behavioral Medicine, 2012, 43 (1): 101-116.

[64] Gavetti, G., Greve, H. R., Levinthal, D. A., & Ocasio, W. The behavioral theory of the firm: Assessment and prospects [J]. The Academy of Management Annals, 2012, 6 (1), 1-40.

[65] Geisser, S. A predictive approach to the random effect model [J]. Biometrika, 1974, 61 (1): 101-107.

[66] Gençtürk, E. F., & Aulakh, P. S. Norms-and control-based governance of international manufacturer-distributor relational exchanges [J]. Journal of International Marketing, 2007, 15 (1): 92-126.

[67] Glagola, C. R., & Sheedy, W. M. Partnering on defense contracts [J]. Journal of Construction Engineering and Management, 2002, 128 (2): 127-138.

[68] Goo, J., Kishore, R., Rao, H. R., & Nam, K. The role of service level agreements in relational management of information technology outsourcing: an empirical study [J]. MIS Quarterly, 2009: 119-145.

[69] Granovetter, M. Economic action and social structure: the problem of embeddedness [J]. American Journal of Sociology, 1985, 91 (3), 481-510.

[70] Griffith, D. A., Harvey, M. G., & Lusch, R. F. Social exchange in supply chain relationships: The resulting benefits of procedural and distributive justice [J]. Journal of Operations Management, 2006, 24 (2): 85-98.

[71] Grudinschi, D., Sintonen, S., & Hallikas, J. Relationship risk perception and determinants of the collaboration fluency of buyer-supplier relationships in public service procurement [J]. Journal of Purchasing and Supply Management, 2014, 20 (2): 82-91.

［72］Guthrie, D. The declining significance of guanxi in China's economic transition［J］. The China Quarterly, 1998, 154: 254–282.

［73］Hair, J. F., Hult, G. T. M., Ringle, C. M., & Sarstedt, M. A primer on partial least squares structural equation modeling (PLS–SEM)［M］. Thousand Oaks, California: Sage Publications, 2014.

［74］Hameed, M. A., Counsell, S., & Swift, S. A conceptual model for the process of IT innovation adoption in organizations［J］. Journal of Engineering and Technology Management, 2012, 29 (3): 358–390.

［75］Han, J., Trienekens, J. H., & Omta, S. O. Relationship and quality management in the Chinese pork supply chain［J］. International Journal of Production Economics, 2011, 134 (2): 312–321.

［76］Hawkins, T. G., Wittmann, C. M., & Beyerlein, M. M. Antecedents and consequences of opportunism in buyer–supplier relations: Research synthesis and new frontiers［J］. Industrial Marketing Management, 2008, 37 (8): 895–909.

［77］He, Q., Luo, L., Hu, Y., & Chan, A. P. C. Measuring the complexity of mega construction projects in Chin—A fuzzy analytic network process analysis［J］. International Journal of Project Management, 2015, 33 (3): 549–563.

［78］Heide, J. B. Plural governance in industrial purchasing［J］. Journal of Marketing, 2003, 67 (4): 18–29.

［79］Heide, J. B., & John, G. Do norms matter in marketing relationships［J］. Journal of Marketing, 1992, 56 (2): 32–44.

［80］Henisz, W. J., Levitt, R. E., & Scott, W. R. Toward a unified theory of project governance: economic, sociological and psychological supports for relational contracting［J］. Engineering Project Organization Journal, 2012, 2 (1–2): 37–55.

［81］Hewett, K., & Bearden, W. O. Dependence, trust, and relational behavior on the part of foreign subsidiary marketing operations: implications for managing global marketing operations［J］. Journal of Marketing, 2001, 65 (4): 51–66.

［82］Hoang, H., & Rothaermel, F. T. The effect of general and partner–specific alliance experience on joint R&D project performance［J］. Academy of Management Journal, 2005, 48 (2): 332–345.

[83] Hoetker, G., & Mellewigt, T. Choice and performance of governance mechanisms: matching alliance governance to asset type [J]. Strategic Management Journal, 2009, 30 (10): 1025 - 1044.

[84] Hong, Y., Chan, D. W. M., Chan, A. P. C., & Yeung, J. F. Y. Critical analysis of partnering research trend in construction journals [J]. Journal of Management in Engineering, 2011, 28 (2): 82 - 95.

[85] Hoppner, J. J., & Griffith, D. A. The role of reciprocity in clarifying the performance payoff of relational behavior [J]. Journal of marketing research, 2011, 48 (5): 920 - 928.

[86] Hu, Y., Chan, A. P. C., Le, Y., & Jin, R. Z. From construction megaproject management to complex project management: Bibliographic analysis [J]. Journal of Management in Engineering, 2013, 31 (4): 04014052.

[87] Ivens, B. S., & Blois, K. J. Relational exchange norms in marketing: A critical review of Macneil's contribution [J]. Marketing theory, 2004, 4 (3): 239 - 263.

[88] Jap, S. D., & Anderson, E. Safeguarding interorganizational performance and continuity under ex post opportunism [J]. Management Science, 2003, 49 (12): 1684 - 1701.

[89] Jap, S. D., & Ganesan, S. Control mechanisms and the relationship life cycle: Implications for safeguarding specific investments and developing commitment [J]. Journal of Marketing Research, 2000, 37 (2): 227 - 245.

[90] Jin, X. H., Doloi, H., & Gao, S. Y. Relationship - based determinants of building project performance in China [J]. Construction Management and Economics, 2007, 25 (3): 297 - 304.

[91] Johnston, D. A., McCutcheon, D. M., Stuart, F. I., & Kerwood, H. Effects of supplier trust on performance of cooperative supplier relationships [J]. Journal of Operations Management, 2004, 22 (1): 23 - 38.

[92] Joshi, A. W., & Campbell, A. J. Effect of environmental dynamism on relational governance in manufacturer - supplier relationships: a contingency framework and an empirical test [J]. Journal of the Academy of Marketing Science, 2003, 31 (2): 176 - 188.

[93] Kahya, E. The effects of job performance on effectiveness [J]. International Journal of Industrial Ergonomics, 2009, 39 (1): 96-104.

[94] Katsikeas, C. S., Skarmeas, D., & Bello, D. C. Developing successful trust-based international exchange relationships [J]. Journal of International Business Studies, 2009, 40 (1): 132-155.

[95] Kaufmann, P. J., & Stern, L. W. Relational exchange norms, perceptions of unfairness, and retained hostility in commercial litigation [J]. Journal of Conflict Resolution, 1988, 32 (3): 534-552.

[96] Ke, Y., Ling, F. Y., Zou, P. X. Effects of contract strategy on interpersonal relations and project outcomes of public-sector construction contracts in Australia [J]. Journal of Management in Engineering, 2013, 31: 04014062.

[97] Keast, R., & Hampson, K. Building constructive innovation networks: Role of relationship management. Journal of Construction Engineering and Management, 2007, 133 (5): 364-373.

[98] Keil, M., Tan, B. C., Wei, K.-K., Saarinen, T., Tuunainen, V., & Wassenaar, A. A cross-cultural study on escalation of commitment behavior in software projects [J]. MIS Quarterly, 2000, 24 (2): 299-325.

[99] Keskin, H., Akgün, A. E., Günsel, A., & İmamoğlu, S. Z. The relationships between adhocracy and clan cultures and tacit oriented KM strategy [J]. Journal of Transnational Management, 2005, 10 (3): 39-53.

[100] Ketkar, S., Kock, N., Parente, R., & Verville, J. The impact of individualism on buyer-supplier relationship norms, trust and market performance: An analysis of data from Brazil and the USA [J]. International Business Review, 2012, 21 (5): 782-793.

[101] Kim, S. K. Relational behaviors in marketing channel relationships: Transaction cost implications [J]. Journal of Business Research, 2007, 60 (11): 1125-1134.

[102] Klein, J. T. Crossing boundaries: Knowledge, disciplinarities, and interdisciplinarities [M]. University of Virginia Press, 1996.

[103] Koka, B. R., and Prescott, J. E. Strategic alliances as social capital: A multidimensional view [J]. Strategic management journal, 2002, 23

(9): 795 - 816.

[104] Kolekofski, K. E., & Heminger, A. R. Beliefs and attitudes affecting intentions to share information in an organizational setting [J]. Information & Management, 2003, 40 (6): 521 - 532.

[105] Koropp, C., Kellermanns, F. W., Grichnik, D., & Stanley, L. Financial decision making in family firms an adaptation of the theory of planned behavior [J]. Family Business Review, 2014, 27 (4): 307 - 327.

[106] Korzilius, L. A system and contingency analysis applied to construction projects of exceptional architectural design [EB/OL], http://www.lesterkorzilius.com/pubs/msc/MSC - 0.htm, 2016 - 10 - 28.

[107] Krathu, W., Pichler, C., Xiao, G., Werthner, H., Neidhardt, J., Zapletal, M., & Huemer, C. Inter - organizational success factors: a cause and effect model [J]. Information Systems and e - Business Management, 2015, 13 (3): 553 - 593.

[108] Kumar, N. The power of trust in manufacturer - retailer relationships [J]. Harvard business review, 1996, 74 (6): 92 - 106.

[109] Laan, A., Noorderhaven, N., Voordijk, H., & Dewulf, G. Building trust in construction partnering projects: An exploratory case - study [J]. Journal of Purchasing and Supply Management, 2011, 17 (2): 98 - 108.

[110] Lado, A. A., Dant, R. R., & Tekleab, A. G. Trust - opportunism paradox, relationalism, and performance in interfirm relationships: evidence from the retail industry [J]. Strategic Management Journal, 2008, 29 (4): 401 - 423.

[111] Lages, L. F., Silva, G., & Styles, C. Relationship capabilities, quality, and innovation as determinants of export performance [J]. Journal of International Marketing, 2009, 17 (4): 47 - 70.

[112] Le, Y., Shan, M., Chan, A. P., & Hu, Y. Investigating the causal relationships between causes of and vulnerabilities to corruption in the Chinese public construction sector [J]. Journal of Construction Engineering and Management, 2014, 140 (9): 05014007.

[113] Lee, C. K., Yiu, T. W., & Cheung, S. O. Selection and use of Alternative Dispute Resolution (ADR) in construction projects—Past and future research

[J]. International Journal of Project Management, 2016, 34 (3): 494 – 507.

［114］Lee, J., Park, J. G., & Lee, S. Raising team social capital with knowledge and communication in information systems development projects [J]. International Journal of Project Management, 2015, 33 (4): 797 – 807.

［115］Lee, Y., & Cavusgil, S. T. Enhancing alliance performance: The effects of contractual – based versus relational – based governance [J]. Journal of Business Research, 2006, 59 (8): 896 – 905.

［116］Lewis, M. A., & Roehrich, J. K. Contracts, relationships and integration: towards a model of the procurement of complex performance [J]. International Journal of Procurement Management, 2009, 2 (2): 125 – 142.

［117］Li, H., Cheng, E. W., & Love, P. E. Partnering research in construction [J]. Engineering, Construction and Architectural Management, 2000, 7 (1): 76 – 92.

［118］Li, Z. G., & Dant, R. P. An exploratory study of exclusive dealing in channel relationships [J]. Journal of the Academy of Marketing Science, 1997, 25 (3): 201 – 213.

［119］Liang, H., Saraf, N., Hu, Q., & Xue, Y. Assimilation of enterprise systems: the effect of institutional pressures and the mediating role of top management [J]. MIS Quarterly, 2007, 31 (1): 59 – 87.

［120］Ling, F. Y. Y., & Ma, Y. Effect of competency and communication on project outcomes in cities in China [J]. Habitat International, 2014, 44: 324 – 331.

［121］Ling, F. Y. Y., Ning, Y., Ke, Y., & Kumaraswamy, M. M. Modeling relational transaction and relationship quality among team members in public projects in Hong Kong [J]. Automation in Construction, 2013, 36: 16 – 24.

［122］Ling, F. Y. Y., Ong, S. Y., Ke, Y., Wang, S., & Zou, P. Drivers and barriers to adopting relational contracting practices in public projects: Comparative study of Beijing and Sydney [J]. International Journal of Project Management, 2014, 32 (2): 275 – 285.

［123］Ling, F. Y., Ke, Y., Kumaraswamy, M. M., & Wang, S. Key relational contracting practices affecting performance of public construction projects in China

[J]. Journal of Construction Engineering and Management, 2013, 140 (1): 04013034.

[124] Liu, Y., Luo, Y., & Liu, T. Governing buyer – supplier relationships through transactional and relational mechanisms: Evidence from China [J]. Journal of Operations Management, 2009, 27 (4): 294 – 309.

[125] Love, P. E., Irani, Z., Cheng, E., & Li, H. A model for supporting inter – organizational relations in the supply chain [J]. Engineering Construction and Architectural Management, 2002, 9 (1): 2 – 15.

[126] Lu, P., Guo, S., Qian, L., He, P., & Xu, X. The effectiveness of contractual and relational governances in construction projects in China [J]. International Journal of Project Management, 2015, 33 (1): 212 – 222.

[127] Lu, P., Qian, L., Chu, Z., and Xu, X. Role of opportunism and trust in construction projects: Empirical evidence from China [J]. Journal of Management in Engineering, 2015, 32: 05015007.

[128] Lu, S., & Yan, H. An empirical study on incentives of strategic partnering in China: Views from construction companies [J]. International Journal of Project Management, 2007, 25 (3): 241 – 249.

[129] Lui, S. S., Wong, Y., & Liu, W. Asset specificity roles in interfirm cooperation: Reducing opportunistic behavior or increasing cooperative behavior? [J]. Journal of Business research, 2009, 62 (11): 1214 – 1219.

[130] Lumineau, F., & Malhotra, D. Shadow of the contract: How contract structure shapes interfirm dispute resolution [J]. Strategic Management Journal, 2011, 32 (5): 532 – 555.

[131] Lundin, R. A., Dr Kjell Tryggestad, P., Müller, R., & Martinsuo, M. The impact of relational norms on information technology project success and its moderation through project governance [J]. International Journal of Managing Projects in Business, 2015, 8 (1): 154 – 176.

[132] Luo, Y. Contract, cooperation, and performance in international joint ventures [J]. Strategic Management Journal, 2002, 23 (10): 903 – 919.

[133] Luo, Y. Opportunism in Inter – firm Exchanges in Emerging Markets [J]. Management and Organization Review, 2006, 2 (1): 121 – 147.

[134] Lusch, R. F., & Brown, J. R. Interdependency, contracting, and re-

lational behavior in marketing channels [J]. Journal of Marketing, 1996, 60 (4): 19 – 38.

[135] Macneil, I. R. Power, contract, and the economic model [J]. Journal of Economic Issues, 1980, 14 (4): 909 – 923.

[136] Madden, T. J., Ellen, P. S., & Ajzen, I. A. comparison of the theory of planned behavior and the theory of reasoned action [J]. Personality and Social Psychology Bulletin, 1992, 18 (1): 3 – 9.

[137] Malhotra, D., & Lumineau, F. Trust and collaboration in the aftermath of conflict: The effects of contract structure [J]. Academy of Management Journal, 2011, 54 (5): 981 – 998.

[138] Manu, E., Ankrah, N., Chinyio, E., & Proverbs, D. Trust influencing factors in main contractor and subcontractor relationships during projects [J]. International Journal of Project Management, 2015, 33 (7): 1495 – 1508.

[139] Martins, L. L., Eddleston, K. A., & Veiga, J. F. Moderators of the relationship between work – family conflict and career satisfaction [J]. Academy of Management Journal, 2002, 45 (2): 399 – 409.

[140] Matthews, J. R. Assessing organizational effectiveness: The role of performance measures [J]. The Library, 2011, 81 (1): 83 – 110.

[141] Mazur, A., Pisarski, A., Chang, A., & Ashkanasy, N. M. Rating defence major project success: The role of personal attributes and stakeholder relationships [J]. International Journal of Project Management, 2014, 32 (6): 944 – 957.

[142] Meng, X. Assessment framework for construction supply chain relationships: Development and evaluation [J]. International Journal of Project Management, 2010, 28 (7): 695 – 707.

[143] Meng, X. The effect of relationship management on project performance in construction [J]. International Journal of Project Management, 2012, 30 (2): 188 – 198.

[144] Miller, R., Lessard, D. R., Michaud, P., & Floricel, S. The strategic management of large engineering projects: Shaping institutions, risks, and governance [M]. Cambridge, MA: MIT press, 2001.

[145] Min, S., Roath, A. S., Daugherty, P. J., Genchev, S. E., Chen,

H. , Arndt, A. D. , & Glenn Richey, R. Supply chain collaboration: what's happening? [J]. The international journal of logistics management, 2005, 16 (2): 237 - 256.

[146] Mitropoulos, P. , & Howell, G. Model for understanding, preventing, and resolving project disputes [J]. Journal of Construction Engineering and Management, 2001, 127 (3): 223 - 231.

[147] Morgan, R. M. , & Hunt, S. D. The commitment - trust theory of relationship marketing [J]. The journal of marketing, 1994: 20 - 38.

[148] Morris, P. W. , & Hough, G. H. The anatomy of major projects: A study of the reality of project management [M]. Chichester: Wiley, 1987.

[149] Müller, R. , & Jugdev, K. Critical success factors in projects: Pinto, Slevin, and Prescott - the elucidation of project success [J]. International Journal of Managing Projects in Business, 2012, 5 (4): 757 - 775.

[150] Müller, R. , & Martinsuo, M. The impact of relational norms on information technology project success and its moderation through project governance [J]. International Journal of Managing Projects in Business, 2015, 8 (1): 154 - 176.

[151] Müller, R. , & Turner, R. (2010). Leadership competency profiles of successful project managers [J]. International Journal of Project Management, 2010, 28 (5): 437 - 448.

[152] Ng, S. T. , Rose, T. M. , Mak, M. , & Chen, S. E. Problematic issues associated with project partnering—the contractor perspective [J]. International Journal of Project Management, 2002, 20 (6): 437 - 449.

[153] Nielson C C. An empirical examination of the role of closeness in industrial buyer - seller relationships [J]. European Journal of Marketing, 1998, 32 (5/6): 441 - 463.

[154] Ning, Y. Quantitative effects of drivers and barriers on networking strategies in public construction projects [J]. International Journal of Project Management, 2014, 32 (2): 286 - 297.

[155] Ning, Y. , & Ling, F. Y. Y. Comparative study of drivers of and barriers to relational transactions faced by public clients, private contractors and consultants in public projects [J]. Habitat International, 2013a, 40: 91 - 99.

［156］Ning, Y. , & Ling, F. Y. Y. Reducing hindrances to adoption of relational behaviors in public construction projects［J］. Journal of Construction Engineering and Management, 2013b, 139（11）: 04013017.

［157］Ning, Y. , & Ling, F. Y. Y. The effects of project characteristics on adopting relational transaction strategies［J］. International Journal of Project Management, 2015, 33（5）: 998 – 1007.

［158］Ning, Y. , Ling, F. Y. Y. , & Teo, A. C. Y. Driving forces behind and barriers to relational transaction practices in public construction projects［J］. Journal of Professional Issues in Engineering Education and Practice, 2013, 140（1）: 04013006.

［159］Noordewier, T. G. , John, G. , & Nevin, J. R. Performance outcomes of purchasing arrangements in industrial buyer – vendor relationships［J］. The Journal of Marketing, 1990: 80 – 93.

［160］Nyaga, G. N. , Whipple, J. M. , & Lynch, D. F. Examining supply chain relationships: do buyer and supplier perspectives on collaborative relationships differ?［J］. Journal of Operations Management, 2010, 28（2）: 101 – 114.

［161］O'Toole, T. , & Donaldson, B. Relationship performance dimensions of buyer – supplier exchanges［J］. European Journal of Purchasing & Supply Management, 2002, 8（4）: 197 – 207.

［162］Osipova, E. Establishing cooperative relationships and joint risk management in construction projects: Agency theory perspective［J］. Journal of Management in Engineering, 2014, 31（6）: 05014026.

［163］Palmatier, R. W. , Dant, R. P. , & Grewal, D. A comparative longitudinal analysis of theoretical perspectives of interorganizational relationship performance［J］. Journal of Marketing, 2007, 71（4）: 172 – 194.

［164］Palmatier, R. W. , Dant, R. P. , Grewal, D. , & Evans, K. R. Factors influencing the effectiveness of relationship marketing: a meta – analysis［J］. Journal of Marketing, 2006, 70（4）: 136 – 153.

［165］Panayides, P. M. , & Lun, Y. V. The impact of trust on innovativeness and supply chain performance［J］. International Journal of Production Economics, 2009, 122（1）: 35 – 46.

［166］Patanakul, P. Key attributes of effectiveness in managing project portfolio

[J]. International Journal of Project Management, 2015, 33 (5): 1084 – 1097.

[167] Patanakul, P., Kwak, Y. H., Zwikael, O., & Liu, M. What impacts the performance of large – scale government projects? [J]. International Journal of Project Management, 2016, 34 (3): 452 – 466.

[168] Pauget, B., & Wald, A. Relational competence in complex temporary organizations: The case of a French hospital construction project network [J]. International Journal of Project Management, 2013, 31 (2): 200 – 211.

[169] Paulraj, A., Lado, A. A., & Chen, I. J. Inter – organizational communication as a relational competency: Antecedents and performance outcomes in collaborative buyer – supplier relationships [J]. Journal of operations management, 2008, 26 (1): 45 – 64.

[170] Pavlou, P. A., & Fygenson, M. Understanding and predicting electronic commerce adoption: An extension of the theory of planned behavior [J]. MIS Quarterly, 2006, 30 (1): 115 – 143.

[171] Phua, F. T. The antecedents of cooperative behaviour among project team members: an alternative perspective on an old issue [J]. Construction Management and Economics, 2004, 22 (10): 1033 – 1045.

[172] Phua, F. T. When is construction partnering likely to happen? An empirical examination of the role of institutional norms [J]. Construction Management and Economics, 2006, 24 (6): 615 – 624.

[173] Pinto, J. K., Slevin, D. P., & English, B. Trust in projects: An empirical assessment of owner/contractor relationships [J]. International Journal of Project Management, 2009, 27 (6): 638 – 648.

[174] Podsakoff, N. P., Podsakoff, P. M., MacKenzie, S. B., Maynes, T. D., & Spoelma, T. M. Consequences of unit – level organizational citizenship behaviors: A review and recommendations for future research [J]. Journal of Organizational Behavior, 2014, 35 (S1): S87 – S119.

[175] Podsakoff, P. M., MacKenzie, S. B., Lee, J. – Y., & Podsakoff, N. P. Common method biases in behavioral research: a critical review of the literature and recommended remedies [J]. Journal of Applied Psychology, 2003, 88 (5): 879.

［176］Poppo, L., & Zenger, T. Do formal contracts and relational governance function as substitutes or complements? ［J］. Strategic management journal, 2002, 23（8）: 707-725.

［177］Poppo, L., Zhou, K. Z., & Ryu, S. Alternative origins to interorganizational trust: An interdependence perspective on the shadow of the past and the shadow of the future ［J］. Organization Science, 2008, 19（1）: 39-55.

［178］Pryke S, & Smyth H. The management of complex projects: A relationship approach ［M］. John Wiley & Sons, 2012.

［179］Pryke, S. D. Analysing construction project coalitions: Exploring the application of social network analysis ［J］. Construction Management and Economics, 2004, 22（8）: 787-797.

［180］Rahman, M. M., & Kumaraswamy, M. M. Contracting relationship trends and transitions ［J］. Journal of Management in Engineering, 2004, 20（4）: 147-161.

［181］Rajamma, R. K, Zolfagharian, M. A., & Pelton, L. E. Dimensions and outcomes of B2B relational exchange: a meta-analysis ［J］. Journal of Business & Industrial Marketing, 2011, 26（2）: 104-114.

［182］Ramaseshan, B., Bejou, D., Jain, S. C., Mason, C., & Pancras, J.（2006）. Issues and perspectives in global customer relationship management ［J］. Journal of Service Research, 2006, 9（2）: 195-207.

［183］Ren, X., Oh, S., & Noh, J. Managing supplier-retailer relationships: From institutional and task environment perspectives ［J］. Industrial Marketing Management, 2010, 39（4）: 593-604.

［184］Rivis, A., & Sheeran, P. Social influences and the theory of planned behaviour: Evidence for a direct relationship between prototypes and young people's exercise behaviour. Psychology and Health, 2003, 18（5）, 567-583.

［185］Ross, J. Introduction to project alliancing（on engineering and construction projects）Alliance Contracting Conference ［C］. Sydney, Australia, 2003.

［186］Sakka, O., Barki, H., & Côté, L. Relationship between the interactive use of control systems and the project performance: The moderating effect of uncertainty and equivocality ［J］. International Journal of Project Management, 2016, 34

(3): 508-522.

[187] Sarkar, M. B., Echambadi, R., Cavusgil, S. T., & Aulakh, P. S. The influence of complementarity, compatibility, and relationship capital on alliance performance [J]. Journal of the academy of marketing science, 2001, 29 (4): 358-373.

[188] Sauders, M., Lewis, P., & Thornhill, A. Research methods for business students [M]. London: Pearson Education, 2009.

[189] Saunders, C. S. & Ahuja, M. K. Are all distributed teams the same? Differentiating between temporary and ongoing distributed teams [J]. Small Group Research, 2006, 37: 662-700.

[190] Scott, W. R., Levitt, R. E. & Orr, R. J. Global Projects: Institutional and Political Challenges [M]. Cambridge: Cambridge University Press, 2011.

[191] Senescu, R. R., Aranda-Mena, G., & Haymaker, J. R. Relationships between project complexity and communication. Journal of Management in Engineering, 2012. 29 (2), 183-197.

[192] Serrador, P., & Turner, R. The relationship between project success and project efficiency [J]. Project Management Journal, 2015, 46 (1): 30-39.

[193] Sezen, B., & Yilmaz, C. Relative effects of dependence and trust on flexibility, information exchange, and solidarity in marketing channels [J]. Journal of Business & Industrial Marketing, 2007, 22 (1): 41-51.

[194] Shaw, J. D., Zhu, J., Duffy, M. K., Scott, K. L., Shih, H. A., & Susanto, E. A contingency model of conflict and team effectiveness [J]. Journal of applied psychology, 2011, 96 (2): 391.

[195] Shenhar, A., & Dvir, D. Project management research - the challenge and opportunity [J]. IEEE Engineering Management Review, 2008, 2 (36): 112-121.

[196] Shi, Y. The role of infrastructure capital in china's regional economic growth [D]. Michigan State University, 2012.

[197] Shiu, E., Jiang, Z., & Zaefarian, G. Antecedents of behavioural commitment in inter-organizational relationships: a field study of the UK construction industry [J]. Construction Management and Economics, 2014, 32 (9): 888-903.

[198] Singh, A., & Teng, J. T. Enhancing supply chain outcomes through information technology and trust [J]. Computers in Human Behavior, 2016, 54: 290-300.

[199] Smith, K. G., Carroll, S. J., & Ashford, S. J. Intra- and interorganizational cooperation: Toward a research agenda [J]. Academic of Management Journal, 1995, 38(1), 7-23.

[200] Smyth, H. The credibility gap in stakeholder management: ethics and evidence of relationship management [J]. Construction Management and Economics, 2008, 26(6): 633-643.

[201] Smyth, H., & Edkins, A. Relationship management in the management of PFI/PPP projects in the UK [J]. International Journal of Project Management, 2007, 25(3): 232-240.

[202] Sobel, M. E. (1982). Asymptotic confidence intervals for indirect effects in structural equSolis, F., Sinfield, J. V., & Abraham, D. M. Hybrid approach to the study of inter-organization high performance teams [J]. Journal of Construction Engineering and Management, 2013, 139(4): 379-392.

[203] Srinivasan, M., Mukherjee, D., & Gaur, A. S. Buyer-supplier partnership quality and supply chain performance: Moderating role of risks, and environmental uncertainty [J]. European Management Journal, 2011, 29(4): 260-271.

[204] Stephen, A. T., & Coote, L. V. Interfirm behavior and goal alignment in relational exchanges. Journal of Business Research [J], 2007, 60(4): 285-295.

[205] Stone, M. Cross-validatory choice and assessment of statistical predictions [J]. Journal of the Royal Statistical Society. Series B (Methodological), 1974, 36(2): 111-147.

[206] Straub, D., Rai, A., & Klein, R. Measuring firm performance at the network level: A nomology of the business impact of digital supply networks [J]. Journal of management information systems, 2004, 21(1): 83-114.

[207] Su, C., & Littlefield, J. E. Entering guanxi: a business ethical dilemma in mainland China? [J]. Journal of business ethics, 2001, 33(3): 199-210.

[208] Suprapto, M., Bakker, H. L., & Mooi, H. G. Relational factors in owner-contractor collaboration: The mediating role of teamworking [J]. Internation-

al Journal of Project Management, 2015a, 33 (6): 1347-1363.

[209] Suprapto, M., Bakker, H. L., Mooi, H. G., & Moree, W. Sorting out the essence of owner-contractor collaboration in capital project delivery [J]. International Journal of Project Management, 2015b, 33 (3): 664-683.

[210] Svejvig, P., & Andersen, P. Rethinking project management: A structured literature review with a critical look at the brave new world [J]. International Journal of Project Management, 2015, 33 (2): 278-290.

[211] Swaim, J. A., Maloni, M. J., Napshin, S. A., & Henley, A. B. Influences on student intention and behavior toward environmental sustainability [J]. Journal of Business Ethics, 2014, 124 (3): 465-484.

[212] Tanriverdi, H., Konana, P., & Ge, L. The choice of sourcing mechanisms for business processes [J]. Information Systems Research, 2007, 18 (3): 280-299.

[213] Tsaur, S. H., Yung, C. Y., & Lin, J. H. The relational behavior between wholesaler and retailer travel agencies: evidence from Taiwan [J]. Journal of Hospitality & Tourism Research, 2006, 30 (3): 333-353.

[214] Uber, T. E., & Runeson, G. Subcontractor-general contractor relationship in Australian building industry [J]. International Journal of Project Management, 1985, 3 (1): 35-38.

[215] Uzzi, B. Social structure and competition in interfirm networks: The paradox of embeddedness [J]. Administrative science quarterly, 1997: 35-67.

[216] Van Marrewijk, A., Clegg, S. R., Pitsis, T. S., & Veenswijk, M. Managing public-private megaprojects: Paradoxes, complexity, and project design [J]. International Journal of Project Management, 2008, 26 (6): 591-600.

[217] Vanpoucke, E., Vereecke, A., & Boyer, K. K. Triggers and patterns of integration initiatives in successful buyer-supplier relationships [J]. Journal of Operations Management, 2014, 32 (1): 15-33.

[218] Vidal, L. A., Marle, F., & Bocquet, J. C. Measuring project complexity using the Analytic Hierarchy Process [J]. International Journal of Project Management, 2011, 29 (6): 718-727.

[219] Vlaar, P. W., Van den Bosch, F. A., & Volberda, H. W. On the evo-

lution of trust, distrust, and formal coordination and control in interorganizational relationships toward an integrative framework [J]. Group & Organization Management, 2007, 32 (4): 407-428.

[220] Wang, C. H., & Yen, C. D. Leadership and turnover intentions of Taiwan TV reporters: the moderating role of safety climate [J]. Asian Journal of Communication, 2015, 25 (3): 255-270.

[221] Wang, L., Hinrichs, K. T., Prieto, L., & Howell, J. P. Five dimensions of organizational citizenship behavior: Comparing antecedents and levels of engagement in China and the US [J]. Asia Pacific Journal of Management, 2013, 30 (1): 115-147.

[222] Wang, L., Yeung, J. H. Y., & Zhang, M. The impact of trust and contract on innovation performance: The moderating role of environmental uncertainty [J]. International Journal of Production Economics, 2011, 134 (1): 114-122.

[223] Wang, T., Tang, W., Qi, D., Shen, W., & Huang, M. Enhancing Design Management by Partnering in Delivery of International EPC Projects: Evidence from Chinese Construction Companies [J]. Journal of Construction Engineering and Management, 2015: 04015099.

[224] Wang, Z., Ye, F., & Tan, K. H. Effects of managerial ties and trust on supply chain information sharing and supplier opportunism [J]. International Journal of Production Research, 2014, 52 (23): 7046-7061.

[225] Ward, S., & Chapman, C. Stakeholders and uncertainty management in projects. Construction management and economics, 2008. 26 (6), 563-577.

[226] Wathne, K. H., & Heide, J. B. Opportunism in interfirm relationships: Forms, outcomes, and solutions [J]. Journal of marketing, 2000, 64 (4): 36-51.

[227] Williams, P., Ashill, N. J., Naumann, E., & Jackson, E. Relationship quality and satisfaction: Customer-perceived success factors for on-time projects [J]. International Journal of Project Management, 2015, 33 (8): 1836-1850.

[228] Williamson, O. E. Markets and hierarchies [J]. American Economic Review, 1975, 63 (2): 316-325.

[229] Williamson, O. E. The economic intstitutions of capitalism [M]. Simon and Schuster, 1985.

[230] Wong, C. Y., & Boon-itt, S. The influence of institutional norms and environmental uncertainty on supply chain integration in the Thai utomotive industry [J]. International Journal of Production Economics, 2008, 115 (2): 400-410.

[231] Wong, P. S., Cheung, S. O., & Ho, P. K. Contractor as trust initiator in construction partnering—Prisoner's dilemma perspective [J]. Journal of Construction Engineering and Management, 2005, 131 (10): 1045-1053.

[232] Wood, G., McDermott, P., & Swan, W. The ethical benefits of trust-based partnering: the example of the construction industry [J]. Business Ethics: A European Review, 2002, 11 (1): 4-13.

[233] Woolthuis, R. K., Hillebrand, B., & Nooteboom, B. Trust, contract and relationship development [J]. Organization studies, 2005, 26 (6): 813-840.

[234] Wu, A. H., Wang, Z., & Chen, S. Impact of specific investments, governance mechanisms and behaviors on the performance of cooperative innovation projects [J]. International Journal of Project Management, 2017, 35 (3): 504-515.

[235] Wuyts, S., & Geyskens, I. The formation of buyer¡ªsupplier relationships: detailed contract drafting and close partner selection [J]. Journal of marketing, 2005, 69 (4): 103-117.

[236] Xia, B., & Chan, A. P. Measuring complexity for building projects: a Delphi study [J]. Engineering, Construction and Architectural Management, 2012, 19 (1): 7-24.

[237] Xin, K. R., & Pearce, J. L. Guanxi: Connections as Substitutes for Formal Institutional Support [J]. The Academy of Management Journal, 1996, 39 (6): 1641-1658.

[238] Xu, T., Smith, N. J., & Bower, D. A. Forms of collaboration and project delivery in Chinese construction markets: Probable emergence of strategic alliances and design/build [J]. Journal of Management in Engineering, 2005, 21 (3): 100-109.

[239] Xue, X., Li, X., Shen, Q., & Wang, Y. An agent-based frame-

work for supply chain coordination in construction [J]. Automation in construction, 2005, 14 (3): 413-430.

[240] Yam, R. C. M., & Chan, C. Knowledge sharing, commitment and opportunism in new product development [J]. International Journal of Operations & Production Management, 2015, 35 (7): 1056-1074.

[241] Yan, T., & Dooley, K. J. Communication intensity, goal congruence, and uncertainty in buyer-supplier new product development [J]. Journal of Operations Management, 2013, 31 (7): 523-542.

[242] Yang, C., Wacker, J. G., & Sheu, C. What makes outsourcing effective? A transaction-cost economics analysis [J]. International Journal of Production Research, 2012, 50 (16): 4462-4476.

[243] Yang, H., Yeung, J. F., Chan, A. P., Chiang, Y. H., & Chan, D. W. A critical review of performance measurement in construction [J]. Journal of Facilities Management, 2010, 8 (4): 269-284.

[244] Yang, J., Shen, G. Q., Ho, M., Drew, D. S., & Xue, X. Stakeholder management in construction: An empirical study to address research gaps in previous studies [J]. International Journal of Project Management, 2011, 29 (7): 900-910.

[245] Yang, Z., Zhou, C., & Jiang, L. When do formal control and trust matter? A context-based analysis of the effects on marketing channel relationships in China [J]. Industrial Marketing Management, 2011, 40 (1): 86-96.

[246] Yaqub, M. Z. The Impact of Relational Norms on Key Relational Outcomes in Supplier-Buyer Relationships. Windsperger J, Cliquet G, Ehrmann T, et al. Network Governance: Alliances, Cooperatives and Franchise Chains [M]. Heidelberg: Physica-Verlag, 2013.

[247] Yoon, C. Theory of planned behavior and ethics theory in digital piracy: An integrated model [J]. Journal of business ethics, 2011, 100 (3): 405-417.

[248] Zajac, E. J., & Olsen, C. P. From transaction cost to transactional value analysis: Implications for the study of interorganizational strategies [J]. Journal of management studies, 1993, 30 (1), 131-145.

[249] Zeng, M., & Chen, X. -P. Achieving cooperation in multiparty alli-

ances: A social dilemma approach to partnership management [J]. Academy of Management Review, 2003, 28 (4): 587 – 605.

[250] Zhang, C., Cavusgil, S. T., & Roath, A. S. Manufacturer governance of foreign distributor relationships: do relational norms enhance competitiveness in the export market? [J]. Journal of International Business Studies, 2003, 34 (6): 550 – 566.

[251] Zhang, L., & Li, X. How to reduce the negative impacts of knowledge heterogeneity in engineering design team: Exploring the role of knowledge reuse [J]. International Journal of Project Management, 2016, 34 (7): 1138 – 1149.

[252] Zhang, Q., & Zhou, K. Z. Governing interfirm knowledge transfer in the Chinese market: The interplay of formal and informal mechanisms [J]. Industrial Marketing Management, 2013, 42 (5): 783 – 791.

[253] Zhao, X., Xie, J., & Zhang, W. J. The impact of information sharing and ordering co – ordination on supply chain performance [J]. Supply Chain Management: an international journal, 2002, 7 (1): 24 – 40.

[254] Zhao, Y., & Wang, G. The impact of relation – specific investment on channel relationship performance: evidence from China [J]. Journal of Strategic Marketing, 2011, 19 (01): 57 – 71.

[255] Zheng, X., Lu, Y., Le, Y., Li, Y., & Fang, J. Formation of Interorganizational Relational Behavior in Megaprojects: Perspective of the Extended Theory of Planned Behavior. Journal of Management in Engineering, 2018, 34 (1): 04017052.

[256] Zhou, K. Z., & Poppo, L. Exchange hazards, relational reliability, and contracts in China: The contingent role of legal enforceability [J]. Journal of International Business Studies, 2010, 41 (5): 861 – 881.

[257] Zhou, K. Z., Zhang, Q., Sheng, S., Xie, E., & Bao, Y. Are relational ties always good for knowledge acquisition? [J]. Buyer – supplier exchanges in China. Journal of Operations management, 2014, 32 (3): 88 – 98.

[258] Zhou, Y., Zhang, X., Zhuang, G., & Zhou, N. Relational norms and collaborative activities: roles in reducing opportunism in marketing channels [J]. Industrial Marketing Management, 2015, 46: 147 – 159.

［259］Zou, W. , Kumaraswamy, M. , Chung, J. , & Wong, J. Identifying the critical success factors for relationship management in PPP projects［J］. International Journal of Project Management, 2014, 32（2）: 265 – 274.

［260］Zuo, J. , Zillante, G. , & Coffey, V. Project culture in the Chinese construction industry: perceptions of contractors［J］. Australasian Journal of Construction Economics and Building, 2009, 9（2）: 17 – 28.

［261］Zwikael, O. , & Smyrk, J. Project governance: Balancing control and trust in dealing with risk［J］. International Journal of Project Management, 2015, 33（4）: 852 – 862.

［262］北京市地方志编委会办公室. 北京奥运会志（上、下）［M］, 2012.

［263］曾伏娥, 刘红翠, 王长征. 制度距离、组织认同与企业机会主义行为研究［J］. 管理学报, 2016, 13（2）: 203 – 211.

［264］陈晓萍, 徐淑英, 樊景立. 组织与管理研究的实证方法［M］. 北京大学出版社, 2008.

［265］何清华, 刘晴. 集成项目交付（IPD）典型模式合同治理研究［J］. 建设监理, 2016（2）: 20 – 22.

［266］胡廷楣. 巨变——世博城［M］. 中西书局, 2011.

［267］黄秋萍, 赵先德, 杨君豪, 周南. 供应商关系管理中的金融关系行为研究［J］. 南开管理评论, 2014（4）: 66 – 77.

［268］京沪高速铁路股份有限公司. 龙腾京沪（上、下）［M］. 中国铁道出版社, 2015.

［269］罗岚, 复杂建设项目的复杂性识别、测度与管理研究［D］. 同济大学, 2014.

［270］孟晓华. 企业环境信息披露的驱动机制研究［D］. 上海交通大学, 2014.

［271］彭瑞高. 巨变——洋山深水港［M］. 中西书局, 2011.

［272］上海市总工会, 上海世博事务协调局. 崛起的世博园［M］. 上海文化出版社, 2012.

［273］盛昭瀚, 游庆仲, 陈国华, 丁峰. 大型工程综合集成管理——苏通大桥工程管理理论的探索与思考［M］. 2009, 163 – 181.

［274］寿志钢, 苏晨汀, 杨志林, 周南. 零售商的能力与友善如何影响供

应商的关系行为 [J]. 管理世界, 2008, 2 (97): 97-109.

[275] 田赛男. 巨变——虹桥综合交通枢纽 [M]. 中西书局, 2011.

[276] 吴涛. 北京奥运工程项目管理创新 [M]. 中国建筑业出版社, 2008.

[277] 严玲, 李志钦, 邓娇娇. 公共建设项目中合同策略及其关系行为测量研究 [J]. 科技进步与对策, 2016, 33 (16): 39-46.

[278] 严兴全, 周庭锐, 李雁晨. 信任、承诺、关系行为与关系绩效: 买方的视角 [J]. 管理评论, 2011, 23 (3): 71-81.

[279] 尹贻林, 徐志超, 邱艳. 公共项目中承包商机会主义行为应对的演化博弈研究 [J]. 土木工程学报, 2014 (6): 138-144.

[280] 周志东, 周春清. 青藏铁路19标段施工技术与研究 [M]. 西南交通大学出版社, 2009.

[281] 邹国庆, 高向飞, 高春婷. 组织间关系的作用机制: 基于合法性与交易费用的研究视角 [J]. 软科学, 2010, 24 (2): 45-50.

附录 A　半结构化专家访谈提纲

尊敬的专家：
　　您好！

访谈编号：

　　非常感谢您能在百忙之中接受我们的访谈。我是同济大学和香港理工大学的联合培养博士生，本调研是我们正在开展的国家自然科学基金研究课题"重大基础设施工程的组织行为与模式创新研究"（项目批准号71390523）的重要组成部分。本项目旨在研究重大工程组织间关系行为对我国重大工程项目绩效的影响。

　　重大工程是指整体投资规模较大，具有较高的复杂性，较长的工期，参建方众多，对所在地区乃至国家的经济、技术、环境及居民生活有重要及广泛影响的建设项目；重大工程组织是指由重大工程建设阶段多个参建方构成的特定群体，包括业主（含代甲方）、施工总承包商、施工单位、设计单位、监理单位、专业分包单位等。

　　<u>重大工程组织间关系行为——指在重大工程的实施过程中项目主要参建方（包括业主、设计、施工总包、专业分包、咨询/监理单位等）为了建立良好的合作关系而采取的积极行为（信息共享、沟通、灵活处理问题、共同解决困难、承诺，及遵守共同目标等6个方面）。</u>

　　鉴于您在重大工程领域的相关成就和经验，我们诚挚地邀请您参与本次访谈。本次访谈为半开放式，<u>请您选择一个您最近参与过或正在参与的重大工程项目为参照，对项目实际情况进行阐述</u>。此次访谈采取不记名的方式，所填数据仅做学术研究之用，问题的回答没有对错之分，我们将对结果进行严格保密。因此，请您放心并尽可能客观回答，您的真实看法对我们的研究具有巨大的帮助。

　　　　联系人：郑弦　邮箱：sine2588@163.com
　　　　　　　同济大学建设管理与房地产系 & 复杂工程管理研究院
　　　　　　　香港理工大学建筑与房地产学系

第一部分：受访者背景资料

1. 您的年龄是在什么范围？
   □ <25 岁　　□ 25~35 岁　　□ 36~45 岁　　□ 46~55 岁　　□ >55 岁

2. 您的教育背景是：
   □ 专科及以下　　□ 本科　　□ 硕士　　□ 博士

3. 您在建设相关行业的工作年限是＿＿＿年，参与重大工程的工作年限是＿＿＿年

4. 您目前所在的工作单位类型是：＿＿＿＿＿＿　工作层级：＿＿＿＿＿＿

5. 您所在单位在重大工程建设过程中承担过的角色有：
   □ 业主　　□ 监理单位　　□ 设计单位　　□ 施工总承包单位
   □ 专业分包单位　　□ 其他＿＿＿＿＿

6. 您曾参与过的重大工程及参与时间：＿＿＿＿＿＿＿＿＿＿＿＿＿＿＿

第二部分：重大工程项目关系行为访谈提纲

请您选择一个重大工程作为案例来回答以下问题，您选择的重大工程项目为＿＿＿＿＿＿；

该项目的投资方为：＿＿＿＿＿＿＿＿；投资额为＿＿＿＿＿＿亿元；

开工时间：＿＿＿＿＿＿；（预计）工期：＿＿＿＿＿＿。

Q1：您参与过的重大工程项目中参建方的关系行为普遍吗？您所在项目团队与其他参建方都存在关系行为吗，例如业主与设计单位、业主与施工单位、业主与专业分包单位、设计单位与施工单位？您认为是什么原因让重大工程组织间关系行为普遍？可以结合具体的例子来说一下您的体会。

A：

Q2：您所在公司在重大工程项目中采用的治理策略一般是合同治理还是关系治理，例如决策的准则是更看重合同还是更看重关系，参与项目是更看重利润/成本还是关系，信任在项目实施中发挥怎样的作用？可以结合具体的例子来说一下您的理解。

A：

Q3：通过前面的介绍，您认为重大工程组织间关系行为的影响因素有哪些？

例如制度因素、项目特征、参建方特征、合同特点。请结合您参与过的重大工程项目从不同的角度谈谈您的理解和看法，可以结合具体的例子来说一下您的体会。

  A：

  Q4：您认为重大工程组织间关系行为对参建方自身和项目绩效会产生怎样的作用？请谈谈您的理解和看法，可以结合具体的例子来说一下您的体会。

  A：

  Q5：您认为重大工程组织间关系行为是否一定产生好的作用？可以采取哪些措施来促进该类行为？请谈谈您的理解和看法。

  A：

  Q6：对于重大工程组织间关系行为的研究，您是否还有其他的建议和补充？

  A：

附录 B　重大工程组织间关系行为调查问卷

尊敬的专家：

您好！

问卷编号：

非常感谢您拨冗参与本次问卷调研。本调研是同济大学复杂工程管理研究院与新加坡国立大学建设系正在联合开展的国家自然科学基金重大项目子课题"重大基础设施工程的组织行为与模式创新研究"（项目批准号 71390523）的重要组成部分，旨在研究重大工程组织间关系行为对项目绩效的影响。

鉴于您在重大工程领域的相关成就和经验，我们诚挚地邀请您参与本次问卷调研。问卷中的问题选项无对错之分，请您选择一个您最近参与过或正在参与的重大工程项目为参照，给出您认为最能反映该项目实际情况的选择。此次调研采取不记名的方式，所填数据仅做学术研究之用。

我们将对结果进行严格保密，请您放心并尽可能客观填写。填写过程预计需要花费您 20 分钟左右的时间，您的支持对完成本研究非常重要。在填写过程中有任何疑问，请联系同济大学博士生郑弦，邮箱：sine2588@163.com，电话：18301921657。

注释：重大工程——指整体投资规模较大，具有较高的复杂性，较长的工期，参建方众多，对所在地区乃至国家的经济、技术、环境及居民生活有重要及广泛影响的建设项目。

重大工程组织间关系行为——指在重大工程的实施过程中项目主要参建方（包括业主、设计、施工总包、专业分包、咨询/监理单位等）为了建立良好的合作关系而采取的积极行为（信息共享、沟通、灵活处理问题、共同解决困难、承诺及遵守共同目标等 6 个方面）。

项目基本信息

【请选择一个您最近参与过的重大工程,填写项目基本信息,并以此项目为参照回答本问卷的问题】

1. 您属于该项目的	□业主(包括参与项目的政府人员)　□监理单位　□设计单位 □施工总承包单位　□专业分包单位　□项目管理咨询单位
2. 该项目的项目类型	□大型赛事会展设施　□交通枢纽　□道路工程　□桥梁工程 □地铁工程　□高铁　□公路工程　□铁路工程　□机场工程 □摩天大楼　□其他_____
3. 该项目所在城市	
4. 该项目名称	
5. 该项目属于(可多选)	□国家五年规划项目　□省级五年规划项目 □所在地重大/重点项目　□其他_____
6. 该项目属性为 (可多选)	□政府投资项目　□私有项目　□公私合作项目(PPP),具体 为:□BOT　□TOT　□BOO　□BT　□其他_____
7. 项目所采用承发包模式	□施工总承包　□设计—施工总承包(DB) □设计施工采购一体化(EPC)　□其他(请注明)_____
8. 该项目的管理模式为	□指挥部模式　□管理局模式　□业主委托项目管理公司模式 □项目公司制模式　□其他(请注明)_____
9. 项目中各主要参建方之间是否有以前合作经历	□无　□有,具体为以下哪些主要参建方(可多选): □业主　□监理单位　□设计单位　□施工总承包单位 □专业分包单位

第一部分　主要参建方关系行为实施

请您对我方对关系行为的态度和实施情况等作出评价,在对应选项前的"□"打"√"。

1	对关系行为的态度	评价				
1.1	若我方实施关系行为(合作行为),可能获得的好处:					
1.1.1	提高任务的完成效率	□非常不同意	□不同意	□一般	□同意	□非常同意
1.1.2	与项目其他参建方有效解决冲突	□非常不同意	□不同意	□一般	□同意	□非常同意

续表

1	对关系行为的态度	评价				
1.1.3	与项目其他参建方建立良好社会关系	□非常不同意	□不同意	□一般	□同意	□非常同意
1.2	若我方实施关系行为（合作行为），可能产生的成本或风险：					
1.2.1	需要额外的时间或资源来建立和维持关系	□非常不同意	□不同意	□一般	□同意	□非常同意
1.2.2	迫使我方作出折中或损失短期利益的选择	□非常不同意	□不同意	□一般	□同意	□非常同意
1.2.3	不利于保护我方核心知识和信息	□非常不同意	□不同意	□一般	□同意	□非常同意
1.2.4	容易产生机会主义行为或腐败	□非常不同意	□不同意	□一般	□同意	□非常同意
2	受重要其他相关方的影响	评价				
2.1	项目各参建方的母公司（或上级单位）要求他们积极与其他参建方合作完成任务	□非常不同意	□不同意	□一般	□同意	□非常同意
2.2	我方同行竞争者普遍在重大工程中采取与其他方合作的关系行为	□非常不同意	□不同意	□一般	□同意	□非常同意
2.3	工程行业协会鼓励参建方采取团结合作的方式（如新型的组织管理模式）实现项目目标	□非常不同意	□不同意	□一般	□同意	□非常同意
2.4	媒体报道重大工程各方团结一致完成项目的事迹以宣传团结合作的行为	□非常不同意	□不同意	□一般	□同意	□非常同意
3	关系能力	评价				
3.1	我方具备与其他方建立良好关系的知识、能力和资源	□非常不同意	□不同意	□一般	□同意	□非常同意
3.2	我方非常了解主要参建方（及其角色、工作范围、优势和劣势等）	□非常不同意	□不同意	□一般	□同意	□非常同意
3.3	我方能与其他方进行有效沟通和信息交换	□非常不同意	□不同意	□一般	□同意	□非常同意
3.4	我方能与其他方相互合作解决问题	□非常不同意	□不同意	□一般	□同意	□非常同意

续表

4	实施关系行为的意愿	评价				
4.1	在过去的项目中,我方总是实施关系行为	□非常不同意	□不同意	□一般	□同意	□非常同意
4.2	在参与该项目之初,我方就有意向实施关系行为	□非常不同意	□不同意	□一般	□同意	□非常同意
4.3	未来的重大工程项目中,我方将继续实施关系行为	□非常不同意	□不同意	□一般	□同意	□非常同意
5	关系行为	评价				
5.1	我方将项目中出现的问题视为己任	□非常不同意	□不同意	□一般	□同意	□非常同意
5.2	我方在帮助其他参建方时不求回报	□非常不同意	□不同意	□一般	□同意	□非常同意
5.3	我方致力于提高项目整体(非仅我方)的合作关系	□非常不同意	□不同意	□一般	□同意	□非常同意
5.4	我方愿意通过灵活性方式(如签订补充协议等)应对和处理突发情况	□非常不同意	□不同意	□一般	□同意	□非常同意
5.5	我方可以灵活解决各方间冲突	□非常不同意	□不同意	□一般	□同意	□非常同意
5.6	我方会主动向其他方提供对他们有益的信息	□非常不同意	□不同意	□一般	□同意	□非常同意
5.7	我方会及时告知其他方对他们有影响的事件或者变化	□非常不同意	□不同意	□一般	□同意	□非常同意
5.8	我方会常通过多种渠道与其他方沟通信息	□非常不同意	□不同意	□一般	□同意	□非常同意

第二部分 重大工程组织间关系的治理

请您对以下表述作出评价,在对应选项前的"□"打"√"。

1	合同治理	评价				
1.1	项目参建方之间的处事依据主要是书面合同	□非常不同意	□不同意	□一般	□同意	□非常同意
1.2	合同中明确规定了工作内容(工作范围、工作安排、工作职责及服务目标)	□非常不同意	□不同意	□一般	□同意	□非常同意

续表

1	合同治理	评价				
1.3	合同中明确规定了奖惩和风险分担机制	□非常不同意	□不同意	□一般	□同意	□非常同意
1.4	合同中明确规定了冲突矛盾的解决方法	□非常不同意	□不同意	□一般	□同意	□非常同意
1.5	合同中明确规定了对非预见突发情况的处理方式	□非常不同意	□不同意	□一般	□同意	□非常同意
2	关系治理	评价				
2.1	其他项目参建方非常值得信任	□非常不同意	□不同意	□一般	□同意	□非常同意
2.2	其他项目参建方在与我方协商时表现得非常公正	□非常不同意	□不同意	□一般	□同意	□非常同意
2.3	其他项目参建方能遵守承诺	□非常不同意	□不同意	□一般	□同意	□非常同意
2.4	其他项目参建方声誉很好并且值得依赖	□非常不同意	□不同意	□一般	□同意	□非常同意
2.5	相信其他项目参建方提供的信息	□非常不同意	□不同意	□一般	□同意	□非常同意

第三部分　重大工程的项目特点

请您对以下表述作出评价，在对应选项前的"□"打"√"。

1	项目的不确定性	评价				
1.1	外部环境不确定性较高，包括政策法规、规范、市场经济环境、施工环境变化及外部利益相关者的影响	□非常不同意	□不同意	□一般	□同意	□非常同意
1.2	任务不确定性较高，包括任务范围不确定和任务间高依赖性	□非常不同意	□不同意	□一般	□同意	□非常同意
1.3	技术不确定性较高，包括高难技术的知识、资源与技能的可获得性和应用风险	□非常不同意	□不同意	□一般	□同意	□非常同意

续表

2	项目文化（请客观评判项目整体文化氛围，而非我方行为）	评价				
2.1	鼓励项目各参建方以项目目标为导向	□非常不同意	□不同意	□一般	□同意	□非常同意
2.2	鼓励项目参建方经常进行会面和信息交换	□非常不同意	□不同意	□一般	□同意	□非常同意
2.3	鼓励项目参建方相互合作来解决问题	□非常不同意	□不同意	□一般	□同意	□非常同意
2.4	鼓励实施灵活或创新的方式解决项目中特殊情况	□非常不同意	□不同意	□一般	□同意	□非常同意

第四部分 重大工程结果评价

请您对以下表述作出评价，在对应选项前的"□"打"√"。

1		我方的任务和关系绩效描述（自评）	评价				
1.1	任务绩效	对我方任务进度的满意程度	□非常不满意	□不满意	□一般	□满意	□非常满意
1.2		对我方任务质量的满意程度	□非常不满意	□不满意	□一般	□满意	□非常满意
1.3		对我方任务成本的满意程度	□非常不满意	□不满意	□一般	□满意	□非常满意
1.4	关系绩效	其他参建方与我方建立长期社会关系的意愿	□非常不愿	□不愿	□一般	□愿	□非常愿
1.5		其他参建方与我方开展未来合作的意愿	□非常不愿意	□不愿意	□一般	□愿意	□非常愿意
2		其他参建方的机会主义行为描述	评价				
2.1		项目其他参建方（为提高自身利益）在特定事情上说谎的情况	□非常少	□少	□一般	□多	□非常多
2.2		项目其他参建方（为提高自身利益）不履行合同或口头协议约定的情况	□非常少	□少	□一般	□多	□非常多
2.3		项目其他参建方会（为提高自身利益）在合同上"钻空子"的情况	□非常少	□少	□一般	□多	□非常多

续表

3	项目绩效和满意度评价（从项目整体角度作答）	
3.1	项目总投资和总工期	
3.1.1	该项目的总体投资额（若项目尚未完工，为预计总体投资额）	□<10亿元　□10亿~50亿元　□50亿~100亿元 □100亿~200亿元　□>200亿元
3.1.2	该项目总投资目标完成情况（若项目尚未完工，为截至目前项目总投资完成情况）	□预算内完成　　□超支0~20% □超支20%~50%　□超支>50%
3.1.3	该项目的总体工期	总体计划工期：_____月；总体实际工期：_____月 若项目尚未完工，截至目前项目整体提前_____月或延期_____月
3.2	对项目整体满意程度	评价
3.2.1	对项目整体进度目标完成的满意程度	□非常不满意　□不满意　□一般　□满意　□非常满意
3.2.2	对项目整体投资/成本目标完成的满意程度	□非常不满意　□不满意　□一般　□满意　□非常满意
3.2.3	对项目整体质量目标完成的满意程度	□非常不满意　□不满意　□一般　□满意　□非常满意
3.2.4	对项目整体安全目标完成的满意程度	□非常不满意　□不满意　□一般　□满意　□非常满意
3.2.5	对项目实现预期构想的满意程度	□非常不满意　□不满意　□一般　□满意　□非常满意
3.2.6	利益相关者对项目整体合作过程的满意程度	□非常不满意　□不满意　□一般　□满意　□非常满意

您的基本信息

根据您的实际情况，在其前面的"□"处做标记。

1. 性别	□男　□女
2. 您的年龄	□<25岁　□25~35岁　□36~45岁　□46~55岁　□>55岁
3. 教育背景	□大专及以下学历　□本科　□硕士　□博士　□其他
4. 您在建筑行业的工作年限	□<5年　□6~10年　□11~20年　□20年以上
5. 您参与重大工程的年限	□<5年　□6~10年　□11~20年　□20年以上

续表

6. 您所在单位类型	□政府　□国有独资/控股　□民营　□外商独资/控股 □其他_____
7. 您所在单位与政府的关系强度	（1）所在单位与中央政府相关部门的关系强度： □无关系　□非常低　□低　□一般　□高　□非常高 （2）所在单位与项目所在地政府相关部门的关系强度 □无关系　□非常低　□低　□一般　□高　□非常高
8. 您在该项目中的工作职位	

您也可在此留下您对本研究的宝贵建议。
_____
_____
_____

烦请留下您的联系方式，我们将很乐意为您提供我们最终的研究报告和成果。

您的邮箱：_____　电话：_____

【问卷到此结束，再次感谢您对本次调研的支持和帮助!】

附录 C 实地调研的项目清单与问卷分布

项目编码	城市	项目名称	问卷数量	项目编码	城市	项目名称	问卷数量
1	武汉	武汉东湖通道工程	3	13	上海	莘庄地铁站	1
2	上海	上海陆家嘴滨江金融城	1	14	昆明	佰隆广场综合体	1
3	珠海	港珠澳大桥	3	15	上海	S26 入城段	1
4	郑州	郑州地铁 1 号线	1	16	榆林	甲醇醋酸系列深加工项目	1
5	上海	上海中心	4	17	南通	东方高架快速化改造工程	1
6	苏州	苏州中环	1	18	深圳	太平洋工业区项目	1
7	上海	东方路下立交工程	1	19	佛山	广佛肇高速项目	1
8	深圳	平安金融中心	1	20	广州	某文化项目	1
9	南宁	南宁东火车站基础设施	2	21	南宁	南宁万达项目群	1
10	上海	上海市浦东新区中环线东段新建工程	1	22	深圳	深圳地铁 9 号线 9104-3 标	1
11	重庆	龙腾大道	1	23	上海	浦东国际机场	1
12	上海	浦东国际机场三期工程卫星厅工程	1	24	上海	上海轨道交通 12 号线	1

续表

项目编码	城市	项目名称	问卷数量	项目编码	城市	项目名称	问卷数量
25	广州	广州万博地下空间	1	42	武汉	光谷综合体	1
26	武汉	武汉绿地中心	7	43	上海	上海世博会	6
27	厦门	厦门轨道交通工程	1	44	永善	溪洛渡水电站	1
28	杭州	杭州市丁桥东路工程	1	45	武汉	湖北省奥林匹克体育中心项目	1
29	上海	嘉定云翔拓展蓝馨路	1	46	天津	天津117	1
30	上海	上海中环路	1	47	上海	航运中心	1
31	北京	虹海南路隧道	1	48	上海	虹桥机场航站楼改造工程	1
32	武汉	绿地长江中心	1	49	上海	长宁来福士项目群	1
33	六盘水	黔中水利枢纽工程	1	50	上海	前滩企业天地一期	1
34	厦门	地铁1号线	1	51	上海	盛世滨江项目群	1
35	重庆	江习高速	1	52	上海	环球金融中心	1
36	内蒙古自治区阿拉善盟	京新高速临白段（阿盟境内）LBAMSG－1项目	1	53	徐州	徐州地铁1号线	1
37	泰州	宁靖盐高速公路	1	54	西安	申华汽车博展园	1
38	扬州	联谊南苑综合项目群	1	55	上海	国家肝癌科学研究中心	1
39	郴州	湖南省衡阳至临武高速公路桂阳至临武段	1	56	无锡	惠联循环园区项目群	1
40	上海	城market综合体	1	57	广州	广东科学中心	1
41	三亚	古城北路	1	58	上海	新国际博览中心	1

附录C 实地调研的项目清单与问卷分布

续表

项目编码	城市	项目名称	问卷数量	项目编码	城市	项目名称	问卷数量
59	温州	乐清正大城市综合体	1	76	广西	云贵四站	1
60	宝鸡	宝鸡国金中心	1	77	柳州	文化中心	1
61	昆明	昆明五里多中央商务区开发项目	1	78	深圳	深圳市华南国际物流中心	1
62	济南	汉峪金谷	1	79	苏州	城市综合体	1
63	上海	上海浦东新区民乐大型居住社区	1	80	深圳	腾讯滨海大厦	1
64	三亚	三亚旅游综合项目	1	81	宁德	沙埕湾跨海通道	1
65	武汉	武汉科技园	1	82	深圳	深业上城综合体	1
66	邵阳	湖南衡邵高速公路	1	83	武汉	杨泗港长江大桥	1
67	济南	济南奥体中心	1	84	天津	地铁9号线	1
68	上海	中环线浦东段东段	1	85	上海	上海交通大学医学院附属第九人民医院项目	1
69	南宁	南宁轨道交通1号线	1	86	上海	上海国际舞蹈中心	1
70	上海	浦江瑞和新城项目群	1	87	武汉	其他	1
71	北京	五棵松体育馆	1	88	武汉	武汉鹦鹉洲长江大桥	1
72	北京	中国军事博物馆	1	89	武汉	中北路延长线	1
73	贵阳	贵阳北火车站	4	90	呼伦贝尔	金新化工技术改造项目	1
74	武汉	湖北省博物馆三期扩建工程	1	91	南宁	南宁地铁4号线	1
75	黔西	黔西火车站	6	92	上海	上海西岸传媒港	10

续表

项目编码	城市	项目名称	问卷数量	项目编码	城市	项目名称	问卷数量
93	长沙	湖南广电节目生产基地	12	111	湖北	宜昌沙河道路	1
94	上海	沪杭高铁	1	112	赣州	DG连接线	1
95	天津	其他	1	113	昆山	杨林塘航道工程	1
96	莆田	福建省莆田联十一线公路项目	1	114	南通	苏通大桥	1
97	上海	连廊工程	1	115	南通	南通5新区	1
98	上海	上海迪士尼乐园项目	2	116	北京	北京奥运村场馆	1
99	宜昌	长江三峡水利枢纽工程	7	117	苏州	苏州大学附属第一医院	1
100	上海	新庙三路大修工程	1	118	宜宾	宜宾三馆一场	1
101	上海	松江区车峰路C引山泾桥—香车路改建工程	2	119	四平	四平体育馆	1
102	上海	上海市美维SME中水回用改造工程	1	120	都江堰	都江堰灾后重建项目	1
103	上海	上投大厦	1	121	南通	苏通大桥	1
104	扬州	首创园区项目	1	122	泉州	泉州公共文化中心	1
105	上海	上海通用金桥研发中心	1	123	上海	松江综合体建设项目	1
106	天津	国家电网项目	1	124	上海	镇江名人府	1
107	上海	诺华中国园区项目	1	125	上海	上海松江大学城	4
108	上海	虹桥航站楼	1	126	上海	北松公路	1
109	上海	东海大桥	1	127	上海	中建时代广场	3
110	武汉	白沙洲大桥	1	128	上海	上海中环线浦东段	1

附录 C 实地调研的项目清单与问卷分布

续表

项目编码	城市	项目名称	问卷数量	项目编码	城市	项目名称	问卷数量
129	上海	会展中心	1	147	上海	轨道交通十号线吴中路地块项目	1
130	上海	周家渡 01-07 地块项目	3	148	苏州	文化旅游度假村	1
131	上海	中海油大厦	1	149	武汉	森林大道道路与排水工程	1
132	上海	保利大剧院	2	150	重庆	重庆巴斯夫 MDI 一体化项目	1
133	上海	龙华国际航空服务中心	2	151	武汉	武汉汉南幸福家园还建楼项目群	1
134	上海	新庙三路大修工程	1	152	武汉	雄楚大街	7
135	上海	国际会议中心	1	153	凉山	白鹤滩水电站	1
136	武汉	光谷中心城中轴线区域地下公共交通走廊及配套工程	1	154	武汉	武汉沌口长江大桥	1
137	上海	中海油大厦	1	155	重庆	G505 高速公路	1
138	上海	松江新城综合配套项目	5	156	芮城	芮城文体公园	1
139	上海	智能化消防装备生产基地建设项目	2	157	昆明	滇池国际会展中心	1
140	上海	建造小昆山镇云翔路	8	158	上海	虹桥枢纽虹桥商务区	1
141	武汉	武汉轨道交通 4 号线一期五标	2	159	上海	长兴岛水系整治工程	1
142	武汉	武汉轨道交通 7 号线一期工程	1	160	南宁	南宁市民族大道修复整治工程	1
143	武汉	武汉轨道交通 2 号线一期十二标	1	161	象州	江滨园区"三横三纵"路网	1
144	武汉	武汉轨道交通 3 号线	1	162	防城港	企沙工业区云约江南路工程	1
145	兰州	红星国际广场综合体	1	163	深圳	深圳市城市轨道交通 9 号线 BT 项目	1
146	苏州	石湖华城综合体	1	164	宜春	沪昆铁路客运专线	1

续表

项目编码	城市	项目名称	问卷数量	项目编码	城市	项目名称	问卷数量
165	运城	蒙华铁路	1	180	上海	上海地铁16号线	1
166	遵义	兰海国家高速公路遵义贵阳段扩容工程	1	181	上海	金桥地铁	1
167	武汉	武汉天河机场T3航站楼扩建工程	8	182	上海	上海国金会展中心	1
168	武汉	武汉中央文化旅游区	1	183	上海	九亭医院	1
169	铜仁	贵州省松桃至铜仁高速公路	1	184	上海	复旦大学附属儿科医院项目	1
170	武汉	森林大道道排工程	1	185	上海	上海市胸外科医院项目	2
171	昆明	昆明南站	1	186	上海	上海市第六人民医院项目	1
172	武汉	某市政道路项目	1	187	湖州	天使乐园旅游度假区	1
173	上海	中船长兴基地	2	188	上海	金山支线春申站公交枢纽	1
174	深圳	深圳市天然气储备项目	1	189	上海	中山街道建造社区卫生服务中心	1
175	九江	九江长江大桥	1	190	上海	老星路项目	1
176	武汉	武汉国际博览中心工程	1	191	上海	上海地铁9号线	1
177	郑州	郑州东站	1	192	上海	上海地铁10号线	1
178	武汉	辛亥革命博物馆	1	193	上海	上海地铁12号线	1
179	上海	宝钢总部基地	1				
合计	193						

注:"其他"为问卷未注明项目名称,因调研时一对一沟通,可以确认相关项目不再重复。

附录 D 重大工程组织间关系行为事例——以上海虹桥交通枢纽项目为例

关系行为维度	测度指标	事 例
团结	将项目中出现的问题视为己任	1. 上海市自来水市南有限公司旗下的服务商，以加快新装业务受理速度为工作主线的"至诚新装队"。在虹桥交通枢纽项目进入施工高峰期时，为确保综合枢纽工程安全有效进行，"至诚新装队"在虹桥交通枢纽项目开展了志愿者活动，向枢纽工程的主要业主申虹公司和代建单位上海建设工程管理有限公司宣传服务举措、现场受理新接水流程，现场受理了机场集团等施工单位的接水申请，积极推行服务举措，努力确保重点工程高质量、高效率完成。 2. 虹桥交通枢纽项目设立了设计平台，该平台由两个单位负责，区域性的总牵头人为上海市政院，枢纽核心体的总牵头人是华东设计院。由这两家单位协助业主对外协调，尤其是不同投资主体和不同设计界面之间的协调，即这两家公司承担了指挥部的很多工作。 3. 虹桥交通枢纽项目的施工总承包为上海建工，这家公司可以调动各种资源，在紧张的工期中有效组织施工，安排好各施工以及它们与专业分包之间的协作
	在帮助其他参建方时不求回报	1. 在虹桥枢纽项目中，几家主要施工单位配合得非常好，包括上海隧道公司、上海建工集团、上海地铁公司等，大家都紧密配合，各负其责，忠于职守，才能把事情做得圆满。此外，几家设计单位实际是各有特点，施工单位与它们的沟通与合作，用一个中性的词叫作"博弈"，即在一个目标的前提下，排除冲突，加强合作。 2. 虹桥机场最能体现管理统筹规划优势的是道路，正因为有规划，正因为有序展开，比如装饰和安装的协调

创新治理系列
171

续表

关系行为维度	测度指标	事　　例
团结	致力于提高项目整体（非仅我方）的合作关系	1. 虹桥枢纽项目中铁路建设对资质要求是比较严格的，上海建工集团主要负责建筑方面，如市政建设、房屋建设，它们在铁路方面没有资质，因此必须与中铁二十四局联合投标。具体分工是：站房建筑全部用上海建工来负责，线路上的工程全部由中铁二十四局负责，但上海建工与中铁二十四局本身是有合作基础的，在参与上海南站项目建设时也曾有合作。站房建设与一般项目不同，它必须与线路同步施工，你中有我，我中有你，上海建工和中铁二十四局在项目中的合作情况很好。（上海建工管理人员访谈） 2. 在此虹桥枢纽项目中施工界面就非常复杂，还有设计界面，投资界面和管理界面，虹桥板纽是不可能保质保量完成，涉及大量的协调。如果不是讲大局的精神，一起努力，合在一起就更加复杂了。
灵活性	愿意通过灵活性方式（如签订补充协议等）应对和处理突发情况	1. 在虹桥枢纽项目中，磁浮与高铁，高铁与东交通中心，这些界面都非常复杂。原来定义不是很清楚，或者无法定义，这就导致整个界面划分困难。处理办法就是坐下来商量，大的方面，牵涉资金多的就要通过指挥部。比如办上海市或者铁道部来解决。比如哪一部分属于铁路的，哪一部分属于上海的，因为牵涉到资金，作为施工单位本身是可以去实施的，但是一定要清楚是谁的，才能最终结账。最终通过灵活协商的方式快速解决了许多不清楚的问题。 2. 虹桥枢纽项目中工序之间有不同的施工单位，倘若是上海建工的子公司还好，否则就会涉及大量的沟通。例如，高架区域至少有三家企业在施工。其中一家进度相当慢，满足不了工期要求，只能一直催。还有上海建工牵涉一些小的施工单位，它们不可能一根线去做是谁的范畴，这都需要上海建工灵活地去应对以保证工期。 3. 虹桥枢纽项目建设过程中，按照水务局的执法要求，要先填河，最后开河，这就是一个大协调，经过沟通大家都能理解和支持，以保证项目按工期完成。
	灵活解决各方间冲突	1. 协调过程中的分歧只要大家都摆事实、讲道理，最后总是能解决的。这个过程，细节上总是有争吵，但是大家都能解决方案。这就是一个协调的过程。（指挥部管理人员访谈） 2. 虹桥枢纽项目是分功能板，你中有我，我中有你，立体交叉，纵向横向都需要协调，比如高铁的地板是地铁的顶板。总的来说，投资的界面，施工的界面加上管理界面是大开放的。所以在项目中一直强调，投资界面不要斤斤计较，施工界面要尽可能协调，这个过程指挥部发挥了很大的作用

附录 D　重大工程组织间关系行为事例——以上海虹桥交通枢纽项目为例

续表

关系行为维度	测度指标	事　例
	主动向其他方提供对他们有益的信息	1. 虹桥枢纽项目设立了建管平台，负责质量和安全管理等，也通过这个平台进行沟通和信息共享。总体而言，项目上的沟通还是很顺畅的。 2. 上海建工是施工总承包，业主与一家总承包单位合作还是很顺利的，在这个区域内上海建工很顾大局，由上海建工集团协调也是比较顺当的，也是成功施工的案例
	及时告知其他方对他们有影响的事件或者变化	虹桥枢纽项目的航站楼总共有十个变电所完成，总共有 100 多间，整个楼里面加起来的机房有 300 多个。机房中的设备安装、调试都需要时间，而且和土建的交界面很多，大家都在里面干活，所以都需要定人来检查交界面的完成情况，到最后就涉及到非常大的工作量，包括里面的标识、标牌、安装和装饰等，工作量都非常大，单单这方面，从管理角度而言，没有高效率、没有互通信息配合，工作很难完成。在这个过程中，各方互通信息，保证了工期
信息交换	通过多种渠道与其他方沟通信息	1. 施工总承包单位不仅要与设计单位沟通，还需与许多其他方进行沟通，施工单位很多，但是施工总承包单位只有上海建工一家，监理以及许多问题考虑到整体中，这样才能将整个工程组织起来，否则没法进行。 2. 重大办也是我们区域内的主要成员单位，我们在区域范围内主要有 18 家成员单位和虹桥枢纽内有专业上的联系，通过指挥部这个平台，开会、送简报、信息一传递大家都知道了，马上就能协调、解决同题和难题。 3. 虹桥项目采取的是例会制度，需要开各个层面的工程协调会，有每天开的、每周开的，还有每月开的，讨论很及时。 4. 整个区域内的设计量非常大，范围非常广，是全面、系统性的设计，可以说也是前所未有的，这就需要大协作。整个区域跟地面有关的，包括铁路设计由市政院协调，跟建筑叠加有中东医院协调，而且指挥部有一个专门的设计管理平台，用于沟通协调

注：资料来源于田赛男（2011）等 12 位专家访谈，以及对参与虹桥枢纽项目咨询的同济大学教授的访谈。

附录 E 第 5.4.2 节 MIRB 内部驱动模型的层次回归分析结果

关系行为内部驱动因素的层次回归分析结果

变量	行为意愿[(1)]				关系行为[(2)]	
	模型 1a	模型 1b	模型 1c	模型 1d	模型 2a	模型 2b
感知收益的态度	0.342***	0.336***	0.233***	**0.165****	0.137**	0.089+
感知风险的态度		-0.085	-0.062	**-0.059**	-0.016	0.001
主观规范			0.365***	**0.295***	0.291***	0.204***
感知行为控制				**0.274***	0.421***	**0.340***
行为意愿						**0.293***
关系行为						
R^2	0.117	0.124	0.246	0.308	0.423	0.483
Adjusted R^2	0.114	0.118	0.238	0.298	0.415	0.473
F	37.385***	19.941***	30.502***	31.202***	51.326***	52.030***

注：+p 代表 <0.10；* 代表 p<0.05；** 代表 p<0.01；*** 代表 p<0.001。
(1) 模型 1a 至模型 1d 的因变量为行为意愿；(2) 模型 2a 至模型 2b 的因变量为关系行为。

附录 F 第 5.4.3 节 MIRB 内部驱动因素模型中调节变量分析

关系行为内部驱动因素模型调节变量的多层回归分析结果

变量	因变量：行为意愿					
	模型 1a	模型 1b	模型 1c	模型 1d	模型 1e	模型 1f
感知收益的态度（BPA）	0.342***	0.336***	0.233***	0.165**	0.119	0.170
感知风险的态度（RPA）		-0.085	-0.062	-0.059	-0.091	-0.043
主观规范（SN）			0.365***	0.295***	0.258	0.285
感知行为控制（PBC）				0.274***	0.255	0.272
调节变量						
项目文化（PC）					0.111	
过去合作经验（PCE）						0.026
交互作用						
BPA × PC					0.056	
RPA × PC					0.088	
SN × PC					0.016	
PBC × PC					-0.018	
BPA × PCE						**-0.126***
RPA × PCE						-0.053
SN × PCE						-0.013
PBC × PCE						**0.104***
R^2						0.572
Adjusted R^2	0.114	0.118	0.238	0.298	0.307	0.305
F	37.385***	19.941***	30.502***	31.202***	14.947***	14.843***

注：+ 代表 $p<0.10$；* 代表 $p<0.05$；** 代表 $p<0.01$；*** 代表 $p<0.001$。